prometeo
libros

LA GRAMÁTICA SOCIOLÓGICA DE MAX WEBER

Perla Aronson

LA GRAMÁTICA SOCIOLÓGICA
DE MAX WEBER

prometeo
libros

Índice

ADVERTENCIA

Los escritos que componen este libro fueron realizados en momentos distintos y con propósitos disímiles. Algunos son reformulaciones de versiones anteriores elaboradas en el curso del dictado de la asignatura dedicada al pensamiento de Max Weber que, con distintas denominaciones, se imparte desde 1987. Al principio, fui adentrándome en el pensamiento del autor y, poco a poco, como suele ocurrir con la obra de las grandes figuras de la sociología, la relación se profundizó hasta convertirse en una especie de fervor. Matizados por otras lecturas, el entusiasmo, la fidelidad y la constancia continúan intactos.

Otros son reelaboraciones, a veces sustanciales, de artículos publicados en revistas académicas, libros y algunas comunicaciones leídas en congresos y jornadas. Asimismo, forman parte de esta recopilación documentos de cátedra utilizados como material de apoyo en la asignatura Historia del Conocimiento Sociológico II cuyo programa analítico –dedicado a la sociología del siglo xx– trata a Max Weber en el marco de un recorrido que contiene otros autores y otras perspectivas analíticas. Corresponde, en este caso, agradecer el permanente estímulo de Joaquín Algranti (miembro del equipo), quien empeñosamente me incitó a compilar y publicar el material del presente texto.

Y unos cuantos son fruto de las discusiones que tienen lugar en las "reuniones de cátedra" que vienen realizándose desde que Eduardo Weisz y yo misma nos hicimos cargo de la materia, una vez que reemplazamos a Eduardo Fidanza, quien fue su fundador y, por largos años, su titular.

Por lo tanto, lo que aquí se presenta no es un esfuerzo cabalmente individual, sino el corolario de las numerosas conjeturas reflexivas de las que se nutre y sin las cuales quizás no hubiera sido posible. Asimismo, cabe aclarar que no se trata de trabajos aislados, por el contrario, ellos se inscriben en una línea de investigación de casi treinta años de consecutiva actividad.

También, corresponde consignar que, pese a la renovada producción bibliográfica acerca del autor y a los recodos de su obra, los textos utilizados se seleccionaron siguiendo el criterio de la claridad; no porque los recientes no constituyan un aporte original y siempre enriquecedor para la comprensión de las ideas de Max Weber, sino porque la combinación de escritos "viejos" y "nuevos" resulta un recurso ilustrativo de las variadas interpretaciones de que han sido objeto en épocas pasadas y hoy en día.

Ordenamiento del texto

La sucesión de ensayos de este libro puede aparentar fraccionamiento y carencia de composición. Pese a ello, la heterogeneidad reconoce un hilo conductor que atañe al entramado conceptual acerca de la racionalización y el interjuego de ideas e intereses. En ese sentido, las diversas temáticas se inscriben en una orientación cuyo centro es la comprensión de la modernidad occidental y sus dilemas en un contexto caracterizado por el desencantamiento del mundo, y cuyo tratamiento refiere a preocupaciones e interrogantes asociados tanto a la investigación empírica como a la reflexión teórica.

En primer lugar, el análisis relativo a la metodología obtiene recursos de los fundamentos de Weber acerca de la afinidad entre *ethos* protestante y espíritu del capitalismo, lo mismo que de los lineamientos esbozados para el estudio del asociacionismo. Con propósitos estrictamente ilustrativos, en ambos se busca descifrar la peculiaridad de los procedimientos científicos y de los instrumentos diseñados al efecto en el marco del empeño por conferir a la ciencia el carácter de un decidido esfuerzo de discernimiento del sinsentido del mundo.

En segundo término, en el apartado referido a la acción social, se considera el proceso de mutua orientación en los planos del vínculo entre medios y fines y entre causas y efectos. Se introduce, además, la interpretación de quienes destacan los vacíos de la tipología, particularmente, la ineficacia de la acción tradicional por cargar con un lastre que la inhibe de incidir causalmente en la definición de las situaciones. Asimismo, se hace hincapié en el rechazo weberiano de las explicaciones ajustadas a los requerimientos de totalidades, a la impugnación de la noción de función y a su oposición al organicismo, todo ello en aras del conocimiento de la representación de sentido dentro de un orden social impersonal y abstracto.

En cuanto a los argumentos sociológico-políticos, se presentan tres ensayos que introducen, por un lado, los conceptos de conflicto y cambio social y, por el otro, los complicados nexos entre nación y Estado. El primero hace referencia a la perpetuidad del conflicto cultural, avanza hacia el conflicto de clases y finaliza con observaciones acerca de la influencia del macroproceso industrial sobre la civilización y la cultura. El segundo incursiona en el concepto de cambio valiéndose para ello de su reverso, el orden social moderno-capitalista con sus rasgos burocráticos formales; asimismo, sirviéndose de la idea de mercado y de su perfil calculador, se consideran los atributos que lo erigen como ámbito en el que se gestiona la distribución del poder de disposición sobre bienes y servicios en torno al consenso de intereses. También, se desarrollan los vínculos entre ambos, la intervención del carisma en dicha relación, las analogías conceptuales entre religión y política y, finalmente, la toma de posición de Max Weber ante la preeminencia de los bienes materiales y el ulterior vaciamiento ético. El tercero aborda la idea de nación en cuanto comunidad, la figura del Estado en términos asociativos, sus mutuas relaciones y sus lazos con el carisma, lo mismo que la restringida definición de democracia y la perdurable preocupación por la permanencia de la nación.

Se incluye, además, un escrito acerca de la concepción del individuo moderno donde se analiza el interés por la amalgama de ideas que activan los distintos sistemas de creencias, los nexos entre convicción y responsabilidad y entre convicción y mundo, la distinción entre carisma de la secta y carisma individual y, por fin, las derivaciones y cuestionamientos de algunos autores contemporáneos a los conceptos relativos a la temática elaborados por Weber.

Por último, se agrega una interpretación de la visión weberiana sobre los enlaces entre educación, ciencia y universidad. Mediante el rastreo de diversos textos, se efectúa una tipificación provisoria de la educación en consonancia con la selección social, la competencia y la profesionalización. A la vez, se tratan cuestiones concernientes a la práctica científica universitaria superpuestas a la libertad académica y a la institucionalidad desencantada, asuntos cuyo tratamiento mantiene considerable validez explicativa.

Para concluir, se realiza un balance de las numerosas dimensiones analíticas weberianas que todavía tienen mucho que aportar al conocimiento de las grandezas y miserias del mundo en el que vivimos.

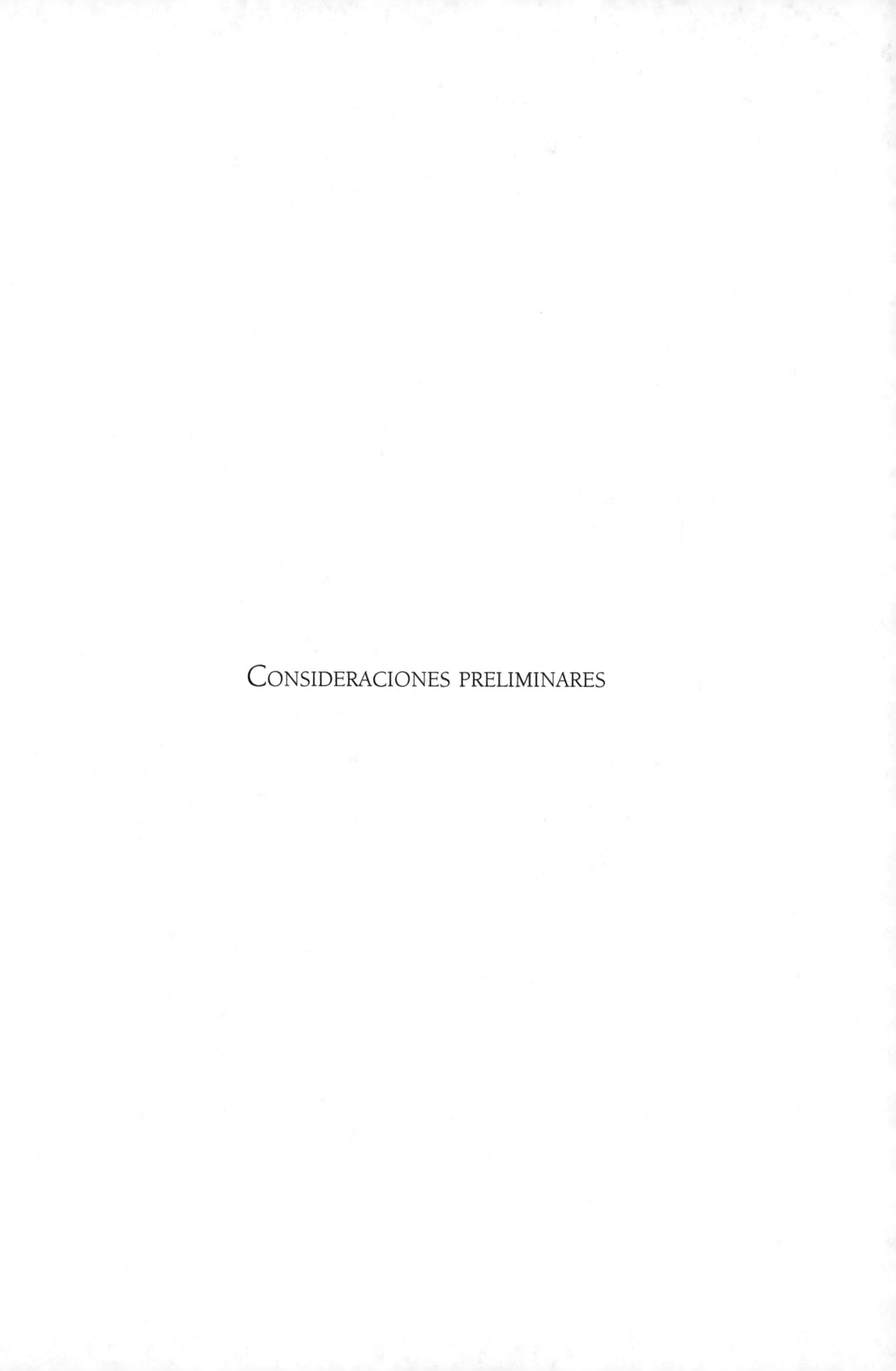

Consideraciones preliminares

Suele decirse que la teoría es un terreno árido y hasta improductivo pues la vida real –con su dinamismo y vivacidad– se desarrolla con prescindencia de conceptos y explicaciones de raíz intelectual. En el plano estrictamente disciplinar, se indica que su pérdida de relevancia procede de una concepción que la eleva al estatuto de evangelio portador de verdades eternas e inagotables, con el añadido de que el regreso a enunciados plasmados en el pasado revela una especie de obsesión, algo así como un trastorno que impulsa a volver la mirada hacia corpus conceptuales usualmente tildados de arcaicos, infértiles y hasta inertes[1]. Sin embargo, frente a apreciaciones tan demoledoras, la voluntad de regresar a los clásicos continúa viva, precisamente, por la fecundidad de sus contenidos, la agudeza de las preguntas y la originalidad de las respuestas, lo mismo que por el poder de las evidencias que nacen de su idoneidad para descorrer velos y hacer inteligible lo ininteligible. Entonces, ¿cuáles son las razones que impulsan a apropiarse y a asimilar a autores y obras de los que nos separa una considerable distancia?, ¿por qué volver a quienes pensaron al calor de situaciones tan diferentes a la realidad contemporánea?

Como se señala, ese regreso es un gesto característico de quienes forman parte de una comunidad de estudiosos cuya cultura sociológica constituye un legado que forja premisas y prácticas compartidas (Wallerstein, 1999). Conocer a los clásicos equivale a aprender las particularidades de la disciplina sociológica, es decir, el proceso de su configuración y los conflictos que la atraviesan, tanto dentro de sus propios límites como en la interacción con ciencias contiguas. También, comporta un itinerario de formación dentro de una tradición de pensamiento particularmente controversial, que engloba perspectivas y visiones contrapuestas; un universo que no convoca a la neutralidad, sino que expresa un conflicto enfrentado

---

[1] Se afirma que los conceptos «que hasta hace poco creíamos imprescindibles, sólidos y poco menos que irrevocables empiezan ahora a parecernos esquemas provisionales, frágiles y contingentes, cuando no francamente residuales u obsoletos» (Fernández Sebastián, J. y G. Capellán de Miguel, 2013.

a variadas tentaciones: puede dar lugar a la exégesis de los argumentos y de las figuras de los propios autores, incitar a su defensa como si ese agregado constituyera una organización de muros infranqueables y, asimismo, puede ser materia de transfiguraciones que lo convierten en una especie de dogma de contornos irrefutables, unas piezas de museo portadoras de formas permanentes (Lachmann, 2007). Con todo, y aún cuando la caída en dichas tentaciones es frecuente, sus enseñanzas pueden aprovecharse sin que ello envíe a la mistificación y el falseamiento, sino viéndolas como linternas para alumbrar las oscuridades que el sociólogo afronta cuando busca respuestas a problemas de por sí oscuros e intrincados. Stephen Kalberg, por caso, afirma que los textos clásicos son algo así como «un capital teórico expansivo» (1996: 50), cuyos alcances llegan hasta el presente en la forma de conceptos, relaciones entre problemas y vinculaciones entre la sociología y otras disciplinas. Por tanto, no parece adecuado cultivar un academicismo o un cientificismo complaciente al estilo de «sagradas escrituras» donde habitan todas las verdades. Transformar en esencias los conceptos implica renunciar al provecho que puede sacárseles, ya que al considerarlos como un saber hecho de una vez y para siempre, se anulan tanto la crítica como las posibilidades de reformulación. Apropiarse del saber sociológico de los clásicos, entonces, supone no solo hacerse de un conjunto de nociones orientadoras que, a la vez, actúan como el inicio de la propia creatividad e innovación; también, permite atender a aquellos aspectos de larga duración de la vida social que, pese a las sucesivas transformaciones, revelan una firme persistencia.

Así, la validez de sus preguntas no difiere de las que siguen despertando el interés de los sociólogos contemporáneos, esto es, cómo hacer frente a los problemas teóricos, lógicos y metodológicos, qué herramientas emplear de modo que el trabajo no resulte en algo insustancial, sino que contribuya al conocimiento de los procesos sociales. Hoy en día, la disciplina sigue inquietándose por cuestiones concernientes a la segmentación social en clases, en grupos de interés o estratos; procura conocer qué es la ideología y cómo influye sobre la hechura de la sociedad; trata de dilucidar las variaciones experimentadas por el Estado desde el origen hasta su configuración actual, cuáles son las posibilidades de la acción social en medio de instituciones signadas por el burocratismo, en qué medida las estrategias de los actores inciden sobre la forma que adquieren, o por qué las sociedades se mantienen unidas, y en otros casos, se tornan tan conflictivas que parecen situarse al borde del colapso. Indudablemente, las condiciones han cambiado, aunque los interrogantes y las respuestas clásicas conservan un fondo de recursos inapreciables para reconstruir el derrotero de las alteraciones, desde luego según diversos ángulos de observación y tradiciones de pensamiento.

¿Por qué volver a Weber?

> Como estimado antepasado y dios familiar [Weber] adorna [...]
> el templo de la victoria de las modernas ciencias sociales
> Wilhelm Hennis

A juicio de Hennis, sumergirse en la obra del sociólogo alemán entraña riesgos, pues inevitablemente debe afrontarse la polémica acerca del carácter de las modernas ciencias sociales. Tal vez exageradamente, el autor estima que solo en contadas ocasiones necesitan de la fuerza de la autoridad, y «La más grande, que suscita veneración e impone silencio, es Max Weber. En él ha de apoyarse quien ose cuestionar la legitimidad de la ciencia social dominante» (1983: 49).

Aun considerando cierto exceso de valoración, Weber no es el único a quien se le concede semejante autoridad, ya que, indudablemente, la sociología requiere de una observación conceptualmente orientada, asunto que persiste en la actividad científica emprendida una y otra vez por los cultores de la disciplina. Y cuando se procura conocer cómo lo hizo Weber, no solo se exterioriza el carácter polémico de su obra, sino que se descubre al agudo personaje y al «infatigable maestro de la duda y la intransigencia intelectual» (Ferrarotti, 1984: XVI), una modalidad que, entre muchas otras, permite comprender aspectos sustantivos de la vida social. Se trata de una figura cuya producción ha excitado vivaces pasiones e interpretaciones contrapuestas. Ejemplo de ello es el encuentro académico realizado en 1964 en la Universidad de Heidelberg en ocasión de celebrarse el centenario de su nacimiento, donde se discutió

> el *postulado de una ciencia liberada de valores (Wertfreiheit)*, el aspecto de toda la *teoría política weberiana centrada sobre el Poder* y frecuentemente nacionalista –que le hace poco menos que un precursor del Estado totalitario– y el problema de la *racionalización y burocratización de la sociedad moderna* (Anabitarte, 1964: 176; énfasis del autor).

Los expositores no se privaron de resaltar sus rasgos de personalidad, con énfasis en la falta de sensibilidad y la carencia de ideología, suavizadas ambas por su carisma y «poder de fascinación sobre todo lo que se ponía a su alcance» (Anabitarte, 1964: 176).

Ante los asistentes al XV Congreso Alemán de Sociología[2], Herbert Marcuse se ocupó deliberadamente de desmontar la "parsonización" a que habían sido sometidos los escritos weberianos: una interpretación que convertía a Weber en un perfecto *funcionalist*[3] desgajado de las discusiones teóricas y las circunstancias políticas de Europa y Alemania en las postrimerías del siglo xix y comienzos del siglo xx[4]. La lectura filtrada por el prisma parsoniano, cuya preeminencia todavía se mantiene, desnaturaliza numerosos conceptos, entre los cuales destaca la

> exagerada y unilateral atención a los intereses de investigación de Weber sobre la génesis y el desarrollo del capitalismo en crisis, supuestamente solo explicado en clave ética y espiritual, lo cual permite a Parsons [revalorizar] el capitalismo no como producción y crecimiento de la riqueza nacional, sino ante todo como cultura humanista y ética social (Aguilar Villanueva, 1984: 49-50)[5].

Desmintiendo tal argumentación, Marcuse señala que capitalismo e industrialismo son expresiones concretas de la racionalidad y la dominación; y así como la razón se realiza en el capitalismo, el capitalismo sella el destino occidental en términos de racionalidad; esto, porque la capacidad de producción calculable avanza hasta volverse capacidad de producción universal, razón técnica formalmente definida con potencialidad para absorber las singularidades y desembocar en la «producción universalmente calculable del aparato capitalista» (Marcuse, 1971: 128). En contraste con el humanismo ético resaltado por Parsons, Marcuse destaca su faceta empresarial, cívico-burguesa y su tendencia a la conservación del sistema. Tanto antes como ahora y mediante la depuración de

---

[2] Gil Villegas (2013) reconstruye los entretelones de esas discusiones.

[3] Véase el artículo de Cohen, Hazelrigg y Pope (1975), donde se señalan diversos errores, entre los que destaca la superposición entre "regularidades fácticas" y "validez normativa".

[4] Según Hennis, aun cuando la reinterpretación parsoniana resulta reductiva, «exige justicia la afirmación de que, sin Parsons y los esfuerzos americanos que arrancan de él, Weber sería hoy, con toda probabilidad, un "clásico" realmente muerto» (1983: 50).

[5] Para un desarrollo detallado de los niveles analíticos subrayados por Parsons, véase Aguilar Villanueva (1984), op. cit. También Piedras Monroy (2004), especialmente el «Prefacio».

apreciaciones políticas, la parsonización de Weber enmascara una desideologización a la que también contribuye Johannes Winckelmann –el editor de *Economía y Sociedad*– quien intencionadamente descarta de esos textos los juicios de valor[6]. Por ello, el Weber de los años cincuenta adquiere los rasgos de una

> caricatura, convertido en el prototipo del antimarxista que habría sustituido el materialismo, todo lo dialéctico que se quiera, por un espiritualismo que descubre en la religión el hontanar de la modernidad capitalista, a la vez que en el gran defensor de una ciencia «libre de valoraciones» que tendría la virtud de desenmascarar al marxismo como simple ideología (Sotelo, 2006: 2).

Desde las polémicas suscitadas en la segunda mitad del siglo xx, las interpretaciones y disputas en torno a los escritos weberianos se mantienen y se multiplican. Se dice que hay un Weber canónico, motivo del florecimiento de una industria editorial indetenible, y un Weber profundo que ha sido y sigue siendo materia de agudas reflexiones por parte de los más encumbrados intelectuales del período. También, se señalan las sucesivas simplificaciones –algunas derivadas de las inferencias parsonianas– que usan el término "weberiano" como sinónimo de variadas temáticas: por ejemplo, «el [equivalente] de investigaciones interpretativas o hermenéuticas opuestas a la ciencia social positivista» (Turner, 2000: 2); el nombre para un tipo de racionalidad característico del orden social moderno-occidental y de la visión de la modernidad con la cual se asocia; el modo de efectuar una tajante división entre ciencias sociales y naturales; la forma de descubrir las consecuencias de la religión sobre la vida práctica y la vida económica de los individuos, y finalmente –aunque no lo último– como el tratamiento del orden social en relación con la legitimidad. Es cierto que las simplificaciones, muchas veces subterráneas, no son simples en sí mismas; pero aún así resulta innegable que la obra weberiana continúa estimulando lecturas y relecturas siempre diversas, pese a que a la luz de los cambios sociales, económicos y políticos acaecidos desde su formulación original, las argumentaciones revelan ciertos anacronismos.

Con independencia de la profusión de apreciaciones sobre el personaje y sus textos, en 1998 *Economía y Sociedad* fue elegido por la comunidad sociológica internacional como el tratado más significativo producido en

---

[6] Cfr., Aguilar Villanueva (1984), op. cit.

21

el siglo xx[7], aun cuando no constituye un libro en sentido propio (Adair-Toteff, 2011). Desde luego, la elección acusa desconocimiento sobre su especificidad y sobre la manera en que esos escritos fueron presentados al público de lectores[8]. No obstante, la atribución de importancia acompaña el proceso de resurgimiento de la figura de Max Weber, un retorno que, según se aduce, descansa en el colapso del comunismo, en la declinación del marxismo en cuanto paradigma dominante, en la riqueza de sus ideas sobre la modernidad occidental y en la sagacidad del análisis sobre la influencia de la cultura en el desarrollo de la historia (Gane, 2002).

Luego, contrariando los numerosos planteamientos críticos que la sociología contemporánea dirige al marco categorial elaborado por los fundadores, aquí se resalta la actualidad de la perspectiva weberiana, cuyos fundamentos conceptuales y analíticos siguen brindando valiosas sugerencias para la investigación social: por un lado, sienta las bases de una hermenéutica de carácter racional que no renuncia a la explicación a través de enunciados causales; por el otro, asigna a las ideas, cosmovisiones o concepciones del mundo una importante proyección sobre la configuración de los intereses materiales e ideales de la acción social; finalmente, con el estudio de las grandes religiones de salvación, identifica los rasgos propios de la racionalidad occidental, un proceso que en la modernidad se dilata hasta abarcar la economía, la política, la administración, el arte y el erotismo. La apertura hacia múltiples dimensiones crea un espectro de tal magnitud que no es posible encontrar en él puntos definitivos de llegada, afirmaciones absolutas ni escalas de valores categóricamente formuladas. En pocas palabras, se trata de una obra caudalosa, aunque inconclusa, plagada de meandros y atestada de sinuosidades. Al decir de Jaspers, Weber

> escribía impelido por la presión mental y por el ímpetu de la claridad de sus ideas, pero no pulía sus frases [ni percibía] las repeticiones, digresiones, vueltas a emprender el tema, enumeraciones que podía haberse ahorrado, [y] ocurrencias que no vienen al caso. No gustaba [...] de releer sus escritos ni sus cosas impresas (Jaspers, 1972: 409).

---

[7] Para más precisiones sobre los datos de la encuesta realizada por la Asociación Internacional de Sociología (ISA), véase Lamo de Espinosa (2002).

[8] Se trata de una obra póstuma, producto de la recopilación de escritos publicados en vida y otros inéditos, llevada a cabo por su esposa y Johannes Winckelmann.

Incluso admitiendo la complejidad de sus ideas, unidas a tortuosas expresiones que dificultan la comprensión (Chalcraft, 2006), sus escritos dan la pauta del interés por la elaboración de razonamientos abiertos, aptos para ulteriores elucidaciones. Asimismo, su formación como abogado, economista, historiador y finalmente como sociólogo, lo constituye en un potencial –aunque limitado– pensador transdisciplinar que, de todos modos, inaugura un campo en el que se cruzan conocimientos jurídicos, históricos, económicos, políticos y antropológicos. De él puede decirse que es «un *pre* y un real científico *transdisciplinar*» (Adloff y Borutta, 2008: 2; énfasis de los autores) del que todavía podemos aprender y, la vez, alguien que puede ayudar a comprender la globalización, moderando la perplejidad «ante la racionalización incumplida y ante la réplica de otras civilizaciones que han asumido la dinámica de los intereses globales desde sus respectivas éticas particulares» (Almaraz, 2007: 48).

Bibliografía

Adair-Toteff, C. (2011). «My 'sociology': Wolfgang Schluchter on the history of Max Weber's *Wirtschaft und Gesellschaft*», en *Journal of Classical Sociology*. Volumen II, N.º 4, UK: Sage Publications.

Adloff, F. y M. Borutta (2008). «Max Weber in de 21st Century or: how is Transdisciplinarity within the Social Sciences Possible Today», *en Max Weber in de 21st Century: Transdisciplinarity within the Social Sciences*, Adloff, F. y M. Borutta (editores), European University Institute Working Papers N.º 35, Italia, http://cadmus.eui.eu/bitstream/handle/1814/9110/MWP_2008_35.pdf;jsessionid=DB-295A9D8CD643176A8B8C223753ED76?sequence=1

Almaraz, J. (2007). «En el centenario de *La ética protestante*: claves para una lectura de las contradicciones de la globalización», en *La vigencia del pensamiento de Max Weber a cien años de "La Ética Protestante y el Espíritu del Capitalismo"*, Aronson P. y E. Weisz (editores), Buenos Aires: Editorial Gorla.

Anabitarte, A. G. (1964). «Polémica sobre la vida y obra de Max Weber», en *Revista de Estudios Políticos* N.º 138, Madrid: Instituto de Estudios Políticos.

Chalcraft, D. (2006). «Introduction», en Bruun, H., *Science, Values and politics in Max Weber`s Methodology*, USA: Ashgate Publishing Company.

Cohen, J., Lawrence E. Hazelrigg y W. Pope (1975). «De-parsonizing Weber: a critique of Parsons` Interpretation of Weber`s sociology», en *American Sociological Review*, volume 40, N.º 2, http://www.jstor.org/stable/2094347

Fernández Sebastián, J. y G. Capellán de Miguel (2013). «Conceptos políticos, tiempo y modernidad. Actualidad de la historia conceptual», en *Conceptos políticos, tiempo e historia*, Santander: Editorial de la Universidad de Cantabria y McGraw-Hill.

Ferrarotti, F. (1985). *Max Weber e il destino della ragione*, Bari: Editori Laterza.

Gane, N. (2002). *Max Weber and Postmodern Theory: Rationalization versus Re-enchantment*, Great Britain: Palgrave.

Gil Villegas, F. (2013). *Max Weber y la guerra académica de los cien años. Historia de las ciencias sociales en el siglo XX. La polémica en torno a La ética protestante y el espíritu del capitalismo (1902-2012)*, México: El Colegio de México y Fondo de Cultura Económica.

Hennis, W. (1983). «El problema central de Max Weber», en *Revista de Estudios Políticos* (Nueva Época), N.º 33, Mayo-Junio, Madrid: Centro de Estudios Políticos y Constitucionales.

Jaspers, K. (1972). *Conferencias y ensayos sobre historia de la filosofía*, Madrid: Editorial Gredos.

Kalberg, S. (1996). «On the neglect of Weber´s Protestant Ethic as a theoretical treatise: Demarcating the parameters of Postwar American Sociological Theory», en *Sociological Theory*, volumen 14, N.º 1.

Lachmann, L. M. (2007). *The legacy of Max Weber*, Auburn Alabama: The Ludwig von Mises Institut.

Lamo de Espinosa, E. (2001). «La sociología del Siglo XX», en *Revista Española de Investigaciones Sociológicas (REIS)* N.º 96, octubre-diciembre, Madrid: Centro de Investigaciones Sociológicas.

Marcuse, H. (1971). «Industrialismo y capitalismo en la obra de Max Weber», Parsons, T. y otros, selección de J. Sazbón, Buenos Aires: Ediciones Nueva Visión (Una versión anterior se encuentra en Marcuse, H., *La sociedad industrial y el marxismo*, 1969, Buenos. Aires: Editorial Quintaria).

Piedras Monroy, P. (2004). *Max Weber y la crisis de las ciencias sociales*, Madrid: Ediciones Akal.

Sotelo, I. (2006). «Una interpretación biográfica de la obra de Max Weber», en *Revista de Libros*, segunda época, disponible en http://www.revistadelibros.com/articulos/una-interpretacion-biografica-de-la-obra-de-max-weber

Turner, B. (2000). *The Cambridge Companion to Max Weber*, United Kigdom: Cambridge University Press.

Wallerstein, I. (1999). *El legado de la Sociología, la promesa de la ciencia social*, Briceño León R. y H. Sonntag (editores), Caracas: Nueva Sociedad.

Aspectos metodológicos de la sociología weberiana

La lógica de los estudios empíricos

Una lectura "metodológica" de «la ética protestante y el espíritu del capitalismo»

Acotación inicial

Dice Anthony Giddens que todas las disciplinas intelectuales tienen fundadores, pero solo las ciencias sociales admiten la existencia de clásicos, una categoría de pensadores cuya producción puede leerse y releerse porque siempre tienen algo que decir. Les cabe la calificación a causa de que sus investigaciones son «un foco de reflexión sobre los problemas y las cuestiones de la actualidad» (Giddens, 1997: 16) y, por lo mismo, siguen obrando como fuentes inspiradoras. Entre otras razones, a Weber se le concede el rango de clásico de la sociología no solo por la perspicacia de su análisis sobre el capitalismo moderno, particularmente sobre el proceso de racionalización que lo distingue, sino también por los recursos metodológicos que emplea. Y si bien no existe una intención preconcebida por presentar procedimientos concluyentemente formulados, y mucho menos de fundamentarlos valiéndose de claves trascendentales, su enfoque ofrece la oportunidad de conocer los rasgos que lo caracterizan con fines estrictamente explicativos y con el propósito de tornar inteligible la singularidad de las operaciones que realiza y las herramientas que construye. Sin embargo, el presente ejercicio no pretende sustraer los planteos metodológicos de la persona interesada en acentuar el costo del proceso de la civilización occidental signado por el capitalismo, el poder más irrevocable de la vida moderna. Busca, en cambio, evidenciar su honda preocupación por otorgar a la ciencia y sus procedimientos el carácter de una lucha testimonial «del conflicto del hombre con una realidad vital, de su heroico intento por darle sentido al menos a una parte de la vida» (Lepenies, 1994: 260). De ahí que la racionalidad, la objetividad y la neutralidad, los atributos típicos de la ciencia weberiana, cobran significación en el marco de la calculabilidad moderna y su contracara, el desencantamiento del mundo, ambos entendidos como procesos enteramente inevitables.

Sin duda, considerar la especificidad de la metodología weberiana conlleva una lectura deliberadamente intencional, por cuanto es él mismo quien advierte sobre el peligro de transformar la ciencia social en un quehacer puramente metodológico o epistemológico. Así lo indica, precisamente en la época en que su empeño principal consistía en dispensarle dignidad científica a las ciencias de la cultura, período marcado por una inquietud esencial: cómo resolver los problemas lógicos que atañen a la historia y a las ciencias afines, de modo de establecer no unas reglas del método construidas *a priori* que apliquen como guía de la investigación empírica, sino una metodología de utilidad directa que capacite al investigador para no ceder a improvisaciones o cavilaciones abstractas. En esa línea, Weber afirma que las ciencias se fundaron y desarrollaron a partir de la resolución de problemas concretos y que, en ese curso, debieron enfrentarse a cuestiones de orden metodológico como consecuencia de la proliferación de «puntos de vista» novedosos que exigieron una revisión de las formas lógicas sobre las que descansaban dichas configuraciones (Weber, 1982a). A ese respecto, señala que las consideraciones metodológicas extrínsecas pueden conducir al investigador a tropiezos reiterados, además de no representar en sí mismas un apoyo significativo a la fecundidad de sus hallazgos. Solo en la incertidumbre sobre la propia labor se halla la incitación para la búsqueda de respuestas a los interrogantes lógicos y metodológicos (Weber, 1982b).

Lo mismo que para el conjunto de sus escritos, la justificación de un examen metodológico de "La Ética Protestante y el Espíritu del Capitalismo" tiene que partir del carácter disperso de su obra, atender a esa disgregación para no caer en el error de otorgarle una apariencia armónica de la que carece. En medio del perceptible desorden, sin embargo, no se encuentra nada asimilable a la incoherencia, la confusión de géneros o el eclecticismo. El perfil complejo y analítico de sus textos se caracteriza

> por la incertidumbre interna, los problemas irresueltos, la contradicción entre el elemento subjetivo-ideográfico y la exigencia de estandarización científica, la dicotomía entre medios-fines y hechos-valores y las consecuencias sustantivas» (Ferrarotti, 1985: 4-5).

En lo relativo a la metodología, la rigurosidad informa acerca de una actitud intelectual orientada por razonamientos precisos y sin equívocos lógicos, condición que puede explorarse sin menoscabo de la integralidad de su reflexión. Por ende, la intención de profundizar en el material que vincula acciones, ideas y creencias solo pretende retener la peculiaridad de su visión acerca de un proceso histórico de carácter hipotético, así como aquellas cuestiones empíricas que no se amoldan a la voluntad ordenadora del observador. En esa dirección, el tratamiento metodológico de los escritos de Max Weber intenta captar el trasfondo histórico de una ciencia que comienza por delimitarse en términos histórico-sociales, para definirse más tarde como sociología. El recorrido contiene procedimientos entroncados con la selección y delimitación de los objetos de estudio, la determinación de los conceptos, la modalidad de utilización de las fuentes históricas, la construcción de herramientas teóricas para el análisis comprensivo, los atributos de la explicación causal y la resolución de los problemas derivados de los mutuos efectos entre realidad y pensamiento teórico. Ese y solo ese es el propósito del texto que sigue, ya que más allá de las reservas apuntadas, "La Ética Protestante y el Espíritu del Capitalismo" constituye «un laboratorio metodológico que no se expresa completamente en el idioma de las ciencias establecidas aunque las tome en cuenta» (Raulet, 2012: 71).

Las disputas en torno a la tesis

Los ensayos, publicados por primera vez en 1904 y 1905 en dos números consecutivos del *Archivo de Ciencia Social y Política Social,* del que Weber era coeditor, fueron reelaborados para incluirse en los *Ensayos sobre sociología de la religión,* volumen que ve la luz en 1920. Algunos entienden que constituyen la antítesis de la explicación marxiana sobre el capitalismo, por considerar que otorgan preeminencia a las ideas sobre las condiciones materiales. Otros, en cambio, sostienen que el tratamiento weberiano de la relación entre el *ethos* del protestantismo y el espíritu del capitalismo debe verse en el marco de sus procedimientos metodológicos, cuyo interés particular apunta a los fenómenos culturalmente significativos. Superpuesto a ese debate, se desarrolla otro librado entre quienes cuestionan el argumento contenido en los ensayos y quienes lo aceptan sin criticarlo. En este caso, se trata de una polémica que enfrenta a sociólogos e historiadores, los primeros convencidos de que la hipótesis de «La Ética Protestante y el Espíritu del Capitalismo» puede entenderse solo si se la refiere a los supuestos metodológicos; inversamente, los segundos insisten en contraponer la evidencia histórica de aquellos países donde el protestantismo no produjo el efecto racionalizador indicado por Weber. Gordon Marshall designa esas disputas como la «guerra de Treinta Años académica» (1986: 14), la que según su opinión ha producido una variedad tan abundante de comentarios que el propio Weber queda oculto tras un verdadero fárrago bibliográfico. Más recientemente, Francisco Gil Villegas alega que entre 1904 y 2004, cada década es testigo de renovadas interpretaciones y reinterpretaciones sobre la tesis weberiana, esfuerzos que dan la pauta de una auténtica «guerra académica de los cien años» (Gil Villegas, 2004: 9)[1].

Cuando entre 2004 y 2005 en distintas universidades del mundo[2] se rememora el centenario de la publicación de la primera versión de la «Ética Protestante y el Espíritu del Capitalismo», las discusiones recobran el ardor, sobre todo, por la persistente incomprensión del razonamiento que contiene. Numerosos señalamientos destacan que la relación entre protestantismo y capitalismo sigue siendo el centro de malentendidos[3], particularmente porque Weber «jamás afirmó que el protestantismo fuera la causa genética del capitalismo», y menos aún «que la Reforma protestante precediera cronológicamente el desarrollo del capitalismo moderno» (Gil Villegas, 2004: 19). La confusión resulta del desconocimiento del proyecto, orientado a vincular una "ética" con un "espíritu" en términos de una causalidad flexible y abierta que expresa la influencia de ideales religiosos sobre la conformación de un *ethos* económico. Luego,

las precondiciones materiales para el desarrollo del capitalismo moderno fueron suficientes y necesarias sólo si se combinaban con una precondición "ideal": la santificación del trabajo mediante una vocación; y,

---

[1] Para completar el itinerario y demostrar la vitalidad de los debates, avanza hacia el presente con un texto que abarca el período 1905- 2012 (Gil Villegas, 2013).

[2] Entre dichas conmemoraciones, en octubre de 2005, el equipo docente de la asignatura "Pensamiento Sociológico de Max Weber" —correspondiente a la Carrera de Sociología de la Facultad de Ciencias Sociales de la Universidad de Buenos Aires–, organizó con la coordinación de P. Aronson y E. Weisz las Jornadas Internacionales «La vigencia de Max Weber a cien años de "La Ética Protestante y el Espíritu del Capitalismo"». Asistieron connotados especialistas de Alemania, España, Estados Unidos de Norteamérica, México y Argentina. El evento resultó en la publicación de un libro que reúne participaciones elaboradas especialmente para dicha compilación (Aronson, P. y E. Weisz, 2007).

[3] Las confusiones y los equívocos son discutidos por Weber en la segunda versión, cuando introduce notas al pie que pretenden aclararlos (Gavilán, 2012).

recíprocamente, las precondiciones ideales fueron necesarias y suficientes sólo cuando se combinaron con las precondiciones materiales relevantes» (Gil Villegas, 2004: 13; énfasis del autor)[4].

En otras palabras, se trata de entender cómo obran los ideales religiosos sobre la configuración de un tipo específico de racionalización (Rodríguez Martínez, 2005), bajo el supuesto de que tal punto de vista no implica la adhesión a un idealismo ingenuo (Schluchter, 2005). Y aún cuando en sus páginas se encuentran conclusiones sociológicas algo envejecidas, lo que continúa en vigor es su concepción de «una sociología entendida en términos estructural-individualistas» (Schluchter, 2007: 133).

Contra ese fondo, «La Ética Protestante y el Espíritu del Capitalismo» (en adelante EP) admite, aunque con reservas, una lectura de las peculiaridades del método de la comprensión en la versión que Weber desarrolla en el escrito sobre «La "Objetividad" Cognoscitiva de la Ciencia Social y de la Política Social», elaborados ambos en la misma época. Con ello, no se intenta encontrar en ellos la ilustración literal de una metodología que, por otra parte, no procura ofrecer una doctrina de la ciencia; se trata, más bien, de atender a su conformación como el

> reflejo metodológico de un activo trabajo de investigación, cuya importancia consiste en ser una tentativa de dilucidación teórico-conceptual y también la construcción embrionaria de un cuadro de referencia que remite constantemente a la investigación efectivamente en curso (Ferrarotti, 1985: 5).

Constituiría un grave error explorar los ensayos que componen la EP como si fueran portadores de categorías y herramientas perfiladas para enseñar los pasos que deben seguirse a fin de arribar a un conocimiento cabal de los fenómenos sociales. Examinarlos como la mecánica aplicación de unas inexistentes "reglas del método", considerando que con ello se estará equipado con un bagaje inequívoco que no deje nada librado al azar, conduciría a creer que se encuentra allí una fórmula metodológica destinada a convencer al investigador de la validez de las etapas que deben cumplirse para asegurarse que, por fin, podrá conocer el acontecimiento

---

[4] En su reciente texto, el autor refuerza el argumento cuando afirma que «el impacto de la ética del ascetismo intramundano del calvinismo sobre el desarrollo del capitalismo moderno es indirecto, no es causal genético» (Gil Villegas: 2013: 11).

tal como es. El propio Weber se encarga de desmentir cualquier presunción acerca de la supuesta importancia de contar, previamente al tratamiento de un problema, con especificaciones de procedimiento. Por eso, en los años en que deseaba instituir un campo autónomo para las ciencias histórico-sociales, heterogéneo de las ciencias nomológicas, afirmaba que

> la metodología jamás puede ser otra cosa que la autorreflexión sobre los medios que han resultado confirmados en la práctica, y la conciencia explícita de estos no es prerrequisito de una labor fructífera más que el conocimiento de la anatomía lo es de una marcha "correcta". Quien quisiera controlar de continuo su manera de caminar mediante conocimientos anatómicos, correría el riesgo de tropezar, y algo semejante ocurriría, por cierto, al especialista que intentase determinar extrínsecamente las metas de su labor sobre la base de consideraciones metodológicas. Todas las veces que la labor metodológica –y este, naturalmente, es también su propósito– resulta de utilidad directa en algún punto de la praxis del historiador, ello sucede porque lo capacita, de una vez para siempre, para no dejarse amilanar por un diletantismo exornado de filosofía. Solo delimitando y resolviendo problemas concretos se fundaron las ciencias, y solo así desarrollaron su método; las reflexiones puramente epistemológicas o metodológicas, por lo contrario, jamás contribuyeron decisivamente a ello (Weber, 1982a: 104; énfasis del autor).

En la biografía que le dedica, su esposa realza esa concepción y despeja su posición ante cuestiones metodológicas:

> no siente ningún interés por el resumen sistemático de los resultados de su pensamiento, pues no quiere ser un lógico, y por más alto que valore los conocimientos metódicos, no los aprecia por sí mismos, sino como herramientas imprescindibles para clarificar las posibilidades de conocer problemas concretos (Marianne Weber, 1995: 471).

A juicio de Friedrich Tenbruck, «el artículo sobre la objetividad, aunque trata cuestiones generales metodológicas, fue escrito esencialmente como justificación metodológica de *La Ética Protestante*» (citado por Almaraz, 1990: 126). No obstante, si se reconoce que la metodología es también una respuesta al interrogante fundamental de Weber –el significado cultural de la racionalización moderno-capitalista–, la EP puede interpretarse con las categorías metodológicas. Ello equivale a hacer hincapié en el modo de abordar los objetos sociales ubicándolos, en perspectiva general, en el contexto de los *Ensayos sobre Sociología de la Religión*, y teniendo siempre presente que en dichos escritos la reflexión weberiana se funda esencialmente en la comprensión y la explicación, en clave comparativa, del proceso de racionalización occidental[5].

Hechas estas salvedades, los elementos que se toman en consideración son, por un lado, los núcleos temáticos que se desarrollan en la EP; por otro, la particularidad del criterio elaborado para comprender y explicar lo distintivo del espíritu del capitalismo; y, por último, los objetivos generales y específicos que Weber formula.

Núcleos temáticos

La hipótesis de la EP revela el conjunto de sus intereses acerca de la cualidad de un «espíritu» que contribuye a conferir una forma distintiva a la organización del trabajo, así como una modalidad concreta al ordenamiento social y a la vida personal. Los tres niveles son abarcados por el amplio campo de la racionalización, categoría teórica cuya carga histórica procede de un detallado escrutinio de la específica configuración del capitalismo industrial y de los Estados constitucionales modernos. Su carácter "pluridimensional" radica en que, además de dar cuenta de los procesos de instrumentalización y calculabilidad, también es «un concepto científico construido para fines de explicación histórica y sociológica» (Aguilar Villanueva, 1988: 80). Al no contener carga valorativa ni normativa, no perseguir la justificación ni la fundamentación de principios de ninguna naturaleza, la racionalización solo pretende aprehender lo propio y definido del espíritu del capitalismo occidental moderno, aunque ello no implica que la racionalidad instrumental según fines se constituya en la «razón histórica» o la «razón sin más» (Aguilar Villanueva, 1988: 80). Según Weber, la racionalidad occidental alude a la singularidad de una sociedad determinada, la capitalista; y como tal, constituye el rasgo histórico que la distingue de otras sociedades cuyos procesos de racionalización recorrieron caminos diversos y estuvieron influidos por preceptos diferentes. Se expresa en el cálculo y el control sobre el mundo natural y social, y es el elemento central de la indagación emprendida en

---

[5] Schluchter indica que «se trata de un estudio histórico que posee un carácter ejemplar, [es] la ejemplificación de la cuestión del poder causal de las ideas» (2014: 63-64), algo que resultaba de crucial importancia para Weber, preocupado por conocer la particularidad de la cultura occidental, pero también de esclarecer su origen (2014: 65).

los artículos que componen la EP. A fin de señalar que ese proceso no es sustancial, sino que la atribución es de carácter relativo, en el escrito que precede a los *Ensayos sobre sociología de la religión* se aclara que una actividad racional puede muy bien verse como irracional desde otro punto de vista (Weber, 1983b). Luego, la racionalización tal como se manifiesta en la cultura occidental, no alude a un evolucionismo reduccionista portador de una única concepción «identificada con el proceso histórico de Occidente [...], específicamente con la última etapa de tal proceso, representada en la organización moderna del capitalismo» (Montes, 2011: 1). Considerada sociológicamente, remite a un tipo de acción en la que los actores se relacionan entre sí de un modo instrumental, es decir, tomando a los otros como medios para alcanzar los propios fines. En el marco de la acción social –la unidad de análisis de la sociología weberiana–, la racionalidad moldea las relaciones entre las personas, a la vez que constituye una consecuencia de las mismas. Weber toma en consideración ambas facetas del concepto y se esfuerza por comprender tanto el origen del proceso de racionalización de la conducta como el tipo particular de acción guiada por el cálculo racional de los medios necesarios para alcanzar fines. En esa dirección, busca los fundamentos del proceder racionalizado no solo en cuestiones de orden externo –o en efectos de estímulos históricos y políticos–, sino en fuentes internas enlazadas a la práctica religiosa.

Por comparación con otros momentos históricos y otros sistemas de creencias, se coloca en una perspectiva comparativa orientada a conocer lo peculiar de la racionalidad occidental moderna, tanto en términos históricos como culturales. Desde su ángulo de observación, los factores económicos no tienen preeminencia, pero tampoco las ideas y los individuos. La racionalidad no surge espontáneamente, ni se trata de un proceso al que pueda atribuírsele un origen desconocido[6]; y pese a la centralidad que ostenta en la modernidad, Weber advierte que su forma y su contenido se corresponden con un tipo específico de religiosidad.

Por tanto, la EP cobra sentido cuando se la sitúa en el contexto de los *Ensayos sobre Sociología de la Religión*, proyecto inconcluso que comprende el estudio de las religiones universales dentro de una serie conceptual cuyas raíces se hallan en la Introducción a "La Ética Económica de las Religiones Universales", publicada en 1915.

---

[6] «Religión y racionalidad, lejos de oponerse como quiere el prejuicio ilustrado, se involucran y se complementan mutuamente» (Sotelo, 1990: 38).

Objetivos del análisis

En términos generales, el planteo weberiano se apoya en dos interrogantes cuya respuesta compone el núcleo de sus argumentaciones: ¿cuál es la forma en que las ideas religiosas influyen sobre la conducta humana?, y ¿cómo se vinculan entre sí la religión y el comportamiento económico?

La respuesta a la primer pregunta organiza el proceso de construcción del objeto de estudio, el «espíritu del capitalismo», elaboración que realiza en contraste con el comportamiento tradicionalista examinado mediante el accionar arraigado de trabajadores y empresarios. Asimismo, y en continuidad con el enfoque comparativo, efectúa un análisis de la conducta secularizada tomando como fuente las máximas de Benjamín Franklin a las que considera un conjunto de recomendaciones para la acción despojadas de contenido religioso, pero cuya conformación le ha sido conferida por la religión.

El segundo interrogante, la conexión entre religión y economía, lo resuelve en términos de «afinidad electiva», un concepto central de su metodología que remite a la simultaneidad, la interrelación entre dos fenómenos históricos específicos, el relevamiento del acople entre ambos. En ese caso, los cambios en la conducta económica se explican siguiendo el itinerario de las transformaciones del protestantismo, desde su origen luterano, pasando por la versión calvinista, hasta llegar a la variante baxteriana, aunque atendiendo a cuestiones de forma, no de principios o contenidos. Weber encuentra en la ascesis puritana una, y solo una, de las fuentes históricas del orden económico capitalista.

Metodología

Los dos ensayos que componen la EP estudian objetivamente valoraciones de carácter subjetivo referidas a la acción social. Examina procesos históricos mediante una captación comprensiva orientada a explicar por qué presentan la forma observada y no alguna otra. El programa de investigación se desarrolla en la forma de una investigación empírica particular que se enfrenta a la resolución de problemas lógico-metodológicos propios de la ciencia social, y cuyas herramientas conceptuales se construyen para aprehender la singularidad del objeto de estudio. A la complejidad de la selección, se añade otra, concerniente al esquema metodológico acoplado a la explicación y la comprensión, las que pueden explorarse en estos ensayos, pero con las precauciones anteriormente señaladas. El primer escrito constituye un intento de dilucidación de la especificidad del «espíritu del capitalismo», ejercicio que requiere la construcción de un tipo ideal de conducta imputable a procesos históricos concretos; el segundo, indaga los principios de ese espíritu mediante la reconstrucción del proceso religioso al cual pueden imputarse las conductas observadas.

Una lectura que destaque la elaboración de instrumentos analíticos de lo que se conoce como el método weberiano de la comprensión explicativa, tiene que atender a las operaciones lógicas y metodológicas referidas a la construcción del objeto de estudio en cuanto «individuo histórico», al «tipo ideal» concebido con adecuación a dicha individualidad, a la explicación causal entendida como «imputación» y, finalmente, a la singularidad de las conclusiones de investigación.

«Espíritu del capitalismo»: individualidad histórica y objeto de investigación

Las razones por las que Weber se interesa por el espíritu del capitalismo se vinculan con la situación económica y política de Alemania a finales del siglo XIX y comienzos del siglo XX, un período atravesado por acontecimientos históricos decisivos: en primer lugar, la unificación nacional bajo la dominación prusiana y sobre la base de la clase social de los terratenientes, a los que juzga incompetentes para ejercer el liderazgo político; en segundo término, su consumación sin revolución burguesa al estilo de las acontecidas en los países capitalistas clásicos; por último, un clima de disputa en torno a la urgencia de modernizar las instituciones políticas acorde con el potente, aunque tardío, desarrollo económico. En esa atmósfera, el conocimiento de las propiedades específicas del capitalismo se constituye en preocupación central de los círculos intelectuales alemanes de la época por considerar que la conceptualización aportada por la corriente clásica de la economía política no se adecua a la comprensión y posible resolución de los problemas de una Alemania todavía apegada al tradicionalismo. La escuela histórica, insatisfecha con esa caracterización, elabora una concepción menos mecánica y universalista, más apegada a la realidad concreta de las naciones industriales. Pone en cuestión los postulados sobre los que se asienta el liberalismo y rechaza la noción de un hombre egoísta y racional, ordenador de la economía por su sola presencia. A la vez, critica el protagonismo del mercado en la organización económica, lo mismo que la prescindencia del Estado en cuanto institución de arbitraje social y mecanismo regulador de la balanza comercial. Hacia 1911, Friedrich Naumann, reformador social-cristiano amigo de Weber, afirma que «así como los franceses tienen su tema: ¿qué fue la Gran Revolución?, también nuestro destino nacional nos ha dado lo que será durante mucho tiempo nuestro tema: ¿qué es el capitalismo?» (citado en Therborn, 1980: 307).

Si esas inquietudes se traducen a operaciones metodológicas, resulta evidente que Weber escoge el espíritu del capitalismo para someterlo a un examen empírico o, lo que es lo mismo, para transformarlo en objeto de estudio. ¿Cuáles son las consecuencias de esa decisión? Por un lado, implica la selección de un problema que estimula su curiosidad intelectual, puesto que se halla firmemente emparentado con tópicos concretos ligados a dos dimensiones definidas: una, referida a la configuración económica y política de Alemania, lo que despierta en él, lo mismo que en sus colegas, expectativas no solo intelectuales, sino prácticas; otra, relacionada con las interpretaciones corrientes acerca de las peculiaridades del capitalismo como fenómeno histórico y económico. Ambas se fundan en el interés por comprender y explicar el comportamiento de unos actores –el hombre de negocios y el trabajador– que a diferencia del pasado no están animados por la comodidad, la rapacidad o la avaricia, sino por una actitud que combina individualismo con ética económica. En suma, apunta a la esquematización en un complejo conceptual de ciertos aspectos de la realidad, cuya construcción deriva del interés selectivo del investigador. Capitalismo racional moderno hay uno y solo uno; no obstante, ese individuo histórico se halla a la espera de explicación, puesto que solamente expone aquello que debe ser explicado. Vale decir que, desde el punto de vista heurístico, enuncia una relación –entre conducta práctica y ética económica–, posibilita la interpretación de acciones concretas –la racionalidad, el cálculo, el trabajo perseverante en una profesión– y clarifica al investigador el valor que motiva la acción analizada –a través de su relación con valoraciones de cierto tipo–; en definitiva, identificados los valores que suscitan las acciones, facilita la comprensión analítica –¿por qué los actores actúan de un cierto modo?–.

Para Weber, los nexos entre el espíritu del capitalismo y la ética protestante constituyen un supuesto fuera de toda discusión: la cuantiosa documentación acerca de ese parentesco le alcanza para darlo por cierto.

A modo de comprobación, la EP comienza con unos datos estadísticos informativos a los que les asigna validez, a fin de acreditar

> el carácter eminentemente protestante tanto de la propiedad y de las empresas capitalistas como de las capas especializadas de las clases trabajadoras, y sobre todo, del alto personal de las modernas empresas de superior preparación técnica o comercial (Weber, 1983: 24).

Contra toda resistencia, destaca que «no es "nuevo" afirmar aquí esta conexión, [...]; lo raro es su duda, totalmente infundada; por eso hay que explicarla» (Weber, 1983: 32; énfasis del autor).

Ahora bien; el individuo histórico y el tipo ideal, ambos asociados al «espíritu del capitalismo», exhiben diferencias conceptuales. Como individuo histórico, ese espíritu define un campo empírico según el criterio de la significación cultural, según el interés valorativo del investigador que es quien observa de un modo inmediato la índole preponderantemente protestante de la economía capitalista. En virtud de que sus rasgos distintivos tienen que especificarse rigurosamente en el curso de la investigación, recién después de haberse aislado el acontecimiento bajo la forma de individuo histórico, el «espíritu del capitalismo» puede ser tipificado. Dado que «el individuo histórico es el objeto al cual le corresponde *significación cultural*» (Janoska-Bendl, 1972: 26; énfasis de la autora), se lo elige porque está relacionado con ideas de valor; o, como afirma Weber, porque

> abarca aquellos elementos de la realidad que mediante esa relación se vuelven significativos para nosotros, y solo esos. Únicamente una pequeña parte de la realidad individual considerada en cada caso está coloreada por nuestro interés, condicionado por aquellas ideas de valor; ella sola tiene significación para nosotros, y la tiene porque exhibe relaciones para nosotros importantes a causa de su ligazón con ideas de valor. Solo en cuanto ello es así, esa parte será para nosotros digna de ser conocida en sus rasgos individuales (Weber, 1982a: 65-66).

Luego, entre significación cultural e individuo histórico se establece una conexión por medio de la cual la cultura, en lugar de hacer referencia a una totalidad, alude a un recorte deliberado que hace finito lo infinito, otorga sentido al sinsentido de la realidad. Algo llega a constituirse en objeto de investigación, precisamente porque se le concede significación. Solo así un fenómeno histórico adquiere el carácter de tema de estudio:

> Procuramos conocer un fenómeno histórico, esto es, *pleno de significación en su especificidad*. He aquí lo decisivo: solo mediante el supuesto de que únicamente una parte finita entre una multitud infinita de fenómenos es *significativa*, cobra, en general, sentido lógico la idea de un conocimiento de fenómenos individuales (Weber, 1982a: 67; énfasis del autor).

Por su relación con ideas de valor, la selección del objeto –un acontecimiento susceptible de dilucidación– reviste interés para el observador en cuanto a su especificidad, por lo que cobra la forma de «individuo histórico», es decir, un magma de primeros elementos cuya ulterior acentuación desemboca en el tipo ideal. El conocimiento que se persigue, entonces, es de una clase tal que procura retener la peculiaridad, no los rasgos que el suceso comparte con otros fenómenos históricos, sino únicamente aquellos que les son propios y culturalmente significativos.

Cuando se atiende a la forma en que Weber configura el «espíritu del capitalismo», se observa que el conjunto de elementos reunidos a modo de preparación y sistematización permite, ulteriormente, esclarecer sus fuentes; o sea, la cuestión acerca de su fundamento histórico y su singularidad cultural. No es un concepto más entre los muchos que define, sino un marco para el análisis del fenómeno mayor: lo distintivo de la racionalidad del capitalismo occidental moderno. No obstante, el procedimiento no acaba con la sola indagación de sus propiedades; sigue con la construcción progresiva, a lo largo de la investigación, de una definición que posibilite al mismo tiempo ir encontrando los términos de la imputación causal; esto es, la individualización de sus causas, procedimiento que requiere la formulación de un tipo ideal. Vale decir que la elección del objeto de estudio y la concentración en sus rasgos singulares comporta, asimismo, la posible vía de la imputación causal, así la «objetividad» es no solo un proceso de selección de temas, sino una indicación de la dirección probable de la causalidad histórica. Tanto el «espíritu del capitalismo» como el trazado de la relación causal comienzan a delinearse bajo el supuesto de la existencia de una articulación entre ese espíritu y un *ethos* de características propias, pero a condición de que se hallen las sendas de su explicación. Weber discrepa con la interpretación de Werner Sombart[7], pues considera que el impulso ilimitado a la adquisición,

---

[7] No existe traducción completa al castellano de los dos volúmenes publicados en 1902 bajo el título *El capitalismo moderno. Exposición histórica y sistemática de la vida económica europea desde sus inicios hasta el presente*. Las fuentes de las que se nutren los comentaristas pueden

así como la alianza entre judaísmo y capitalismo, no son en sí mismas los principios excluyentes del cambio observado en las conductas prácticas[8]. En el corazón de esa polémica, Weber consolida su objeto de estudio; y en respuesta a interpretaciones que considera impropias, examina las estructuras socioeconómicas de la cultura occidental, lo que lo envía a la investigación de las religiones. Como señala Dirk Kaesler (2003), pone en juego tres niveles analíticos: las estructuras propiamente dichas, los individuos y los grupos y la forma del orden religioso. Entre ellos se producen mediaciones a través de construcciones típico-ideales: el «espíritu del capitalismo» y la «ascesis calvinista».

Concebido como ética económica, el «espíritu del capitalismo» se manifiesta en las máximas de Benjamín Franklin las que, según Weber, constituyen una descripción provisional que resulta indispensable para precisar el problema a explorar. En lugar de una definición *a priori* sobre la base de lo que el investigador presume acerca del fenómeno, la descripción provisional –elaborada con componentes extraídos de la realidad empírica– persigue la determinación conceptual, un proceso resultante de la misma investigación, por lo que aparecerá claramente precisada solo al fin de dicho desarrollo. La provisoriedad de esa descripción desemboca en la formación de un concepto que, especificado a la luz de la recolección del material empírico, contiene los elementos que, desde el particular punto de vista del observador, se consideran importantes. Las primeras intuiciones y la descripción provisional rematan en la formulación del «individuo histórico», un «todo conceptual» que agrupa esas cualidades específicas. Por consiguiente, el «espíritu del capitalismo» no es una especie dentro de un género; es un objeto singular cuyo valor radica en las notas peculiares que posee; se hace inteligible porque se erige sobre la base de una selección dentro de la multiplicidad ininteligible de la realidad. El individuo histórico, entonces, reúne los «aspectos esenciales y significativos [...] que son puestos de relieve porque nosotros los consideramos significativos» (Weber, 1985: 19). Así, se despeja el camino hacia una investigación completamente heterogénea de la que se sirve de leyes

---

consultarse en el artículo de Pérez Franco (2005).

[8] Su investigación, y la consecuente definición de conceptos y herramientas de análisis, se lleva a cabo en discusión con sus colegas del *Archivo de Ciencia Social y Política Social*, y en controversia con los miembros de la Escuela Histórica de Economía. Para la reconstrucción de esta polémica ver, entre otros, Gordon Marshall (1986: 35-52); Franco Ferrarotti, (1985: 12-16), Luis F. Aguilar Villanueva (1988: 165-234), Toby Huff (2009) y el ya clásico estudio de Pietro Rossi, (1982: 9-16).

generales, tanto como de la que estudia sus objetos con fines generalizadores. En 1905, Weber descree de la utilidad de las leyes en el campo de las ciencias histórico-sociales, razón por la cual afirma que su conocimiento «no implica conocimiento de la realidad social sino antes bien, uno de los diversos medios auxiliares que nuestro pensamiento emplea con ese fin»; y agrega que

> el conocimiento de los procesos culturales solo es concebible sobre la base de la significación que la realidad de la vida, configurada siempre en forma individual, tiene para nosotros en determinadas conexiones singulares. En qué sentido y en qué relaciones sucede esto es algo que ninguna ley nos revela, ya que se decide de acuerdo con ideas de valor desde las cuales consideramos la "cultura" en cada caso individual (Weber, 1982a: 70; énfasis del autor).

En este punto, cabe hacer un señalamiento que ha dado lugar a numerosas argumentaciones acerca del papel de las leyes en el pensamiento weberiano. En el ensayo de 1913 titulado «Sobre Algunas Categorías de la Sociología Comprensiva», se encuentran referencias a las regularidades de hecho o reglas de experiencia; sin embargo, entre ellas y la ley existen diferencias sustanciales, puesto que las ciencias sociales se valen de las generalizaciones en calidad de medios auxiliares para conocer situaciones históricas singulares. Aunque esa tesis es uno de los tantos aspectos problemáticos del método de la comprensión, en este escrito no se aborda, ya que la EP se sitúa cronológicamente en tiempos en que el autor considera que las leyes constituyen tan solo recursos para la investigación, no puntos de llegada del análisis[9].

Retomando el proceso de elaboración del objeto «espíritu del capitalismo», que como se apuntó ilustran las máximas de Franklin, cabe reiterar que en su condición de construcción individual prepara y organiza el material para el subsiguiente análisis causal: expone y dispone lo que debe explicarse. El concepto va delineándose por sucesivas especificaciones ajustadas a la realidad empírica, de modo que es un "término" de la investigación y no una definición anterior a la indispensable revisión histórica. Por tanto, deviene en objeto de estudio cuando el interés

---

[9] Weber advierte que para conocer la significación cultural de la realidad y establecer conexiones causales, las «recurrencias ajustadas a leyes» no revisten otra utilidad que la de «un catálogo de las combinaciones de la química orgánica respecto del conocimiento *biogenético* del mundo animal y vegetal» (Weber, 1982a: 64).

analítico destaca las facetas ligadas a su significación en la lucha por la existencia material; y como todos los objetos económico-sociales, su cualidad distintiva resulta de una atribución del observador, quien resalta el factor orientador de la conducta que tal objeto posee.

En efecto, la elaboración del «espíritu del capitalismo» comporta la determinación de su conexión causal, procedimiento que Weber realiza a través de la relación con la ética del protestantismo. Dicho enlace requiere otros esfuerzos que, como ya se indicó, el individuo histórico apresta y ordena, dado que no solo organiza el caos empírico, sino que se vale de mediaciones conceptuales que posibilitan la formulación de hipótesis interpretativas a corroborar.

El «espíritu del capitalismo»: concepto típico-ideal

El tipo ideal es precisamente la herramienta que posibilita la explicación causal. Dado que en los fenómenos económico-sociales no hay nada que indique cuáles son las verdaderas causas que los originan, esos fundamentos deben explicarse; en otras palabras, lo que demanda indagación explicativa es su naturaleza histórica y su significación cultural, justamente aquello que el individuo histórico lograba aislar. Ahora, se trata de delimitar con el mayor rigor histórico los elementos que se anticiparon.

Ya se señaló que el primer ejercicio es llevado a cabo a través del análisis de las máximas de Franklin, una «esquematización de clásica pureza» de la conducta capitalista. De ellas, Weber obtiene un concepto que deja de lado lo secundario y se concentra en lo que tienen de esencial; encuentra que los preceptos sobre las que se basan poseen, de un modo cristalizado, todos los términos que le interesan. Escritas entre 1736 y 1748, representan no solo una técnica vital, sino una ética particular: son recomendaciones para la vida, pero además, encierran formas precisas de conducta más allá de las cuales el individuo queda a merced del azar y la imprevisión. Así, a partir de ese conjunto de mandatos es posible delinear una noción que sigue el curso histórico de la aparición de ciertas formas de comportamiento práctico, diversas con respecto a las observadas en el pasado. Los componentes de esa ética específica –la búsqueda de la ganancia no como medio sino como fin, la moderación del goce, el deber profesional entendido como vocación y obligación– guardan una relación adecuada con la empresa capitalista moderna, y esta obtiene su impulso de ese «espíritu», a la vez que dicho «espíritu» otorga a la economía un formato estrictamente racional calculador. Tanto las prácticas mercantilistas como las comerciales, al igual que el aporte de capitales y la contabilidad, son atributos que también posee el tradicionalismo. Pero como Weber lo concibe, el «espíritu capitalista» produce una inflexión, ya que la afluencia de dinero nuevo, las rentas obtenidas de fuentes patrimoniales, la vida pacífica tradicional no pueden conceptualizarse como sus fundamentos. El nuevo espíritu descansa en la inversión de capital y en la austera sobriedad, preceptos que dan forma al novedoso modo de conducirse en la vida. El oportunismo político y la especulación irracional son sustituidos por la dedicación metódica al inexcusable trabajo profesional que otorga basamento ético a una conducta de nuevo estilo.

Por ende, la elección de las máximas es el punto de inicio de una investigación que se propone rescatar su contenido práctico; esto es, sus aspectos de técnica vital y guía para la acción. Con ello, Weber no busca agotar la realidad completa, sino acentuar el fondo de dichas máximas, un discurso que confiere sentido y un hecho culturalmente revelador de un espíritu descargado de religiosidad. Si el individuo histórico plantea la relación entre un «espíritu» y un «ethos», de lo que se trata ahora es de bosquejar una configuración que capture ordenadamente los elementos significativos en la forma de un modelo de acción racional. Como además el número y las propiedades de los factores que producen un suceso son infinitos, el ordenamiento del caos empírico se realiza a través de una selección deliberada que resulta en una también intencional opción por aquel aspecto del fenómeno que reviste interés cultural, un vínculo que engarza el procedimiento de selección del objeto con la construcción del tipo ideal. Ese interés surge de la relación entre el objeto elegido y los valores, aquellos que guiaron la selección y que atañen a su significación cultural, tanto en relación con las inclinaciones propias del investigador como con los interrogantes que esperan respuesta en una época concreta y en un círculo intelectual determinado.

De esa forma, entre el acontecimiento histórico y el tipo ideal se establece una relación en la que pueden invertirse los términos: el estudio de un fenómeno culturalmente significativo requiere la construcción de un tipo ideal que posibilite su explicación, y un tipo ideal solo puede referirse a un objeto culturalmente significativo que lo explica. Por tanto, la significación cultural obra como criterio seleccionador, tanto de los fenómenos dignos de ser dilucidados como de las conexiones relevantes para la explicación. Esa significatividad, «propia de la sociedad en la que el científico produce, opera como horizonte cultural, o sea, como campo y límites de la problemática científica posible» (Girola, 1985: 89).

Al igual que otros tipos ideales construidos para determinar los rasgos propios de ciertos eventos históricos, el «espíritu del capitalismo» no encierra dimensiones éticas, políticas, jurídicas o normativas; se fija como noción cognoscitiva orientada a la elaboración de un cuadro lógico libre de toda contradicción[10]. De lo que se trata es de

> seleccionar sus componentes "significativos" o "valiosos", y ordenarlos según un esquema de acción intencional (medio-fin), bajo el principio de una estricta racionalidad teleológica en el comportamiento. Evidentemente, el dibujo de la acción racional implica también "situarla", colocarla en un "contexto" histórico-social determinado (circunstancia) y contempla, del mismo modo, los efectos concretos y determinados (consecuencia) que su ejecución desataría. En suma, el conocimiento mediante tipos ideales traduce intelectualmente los hechos históricos y sociales como "acciones", no como "cosas" a la Durkheim, y los concibe, los forma o construye, como "acciones racionales" puras, sin defecto alguno en la claridad de su fin, en la selección y empleo de los medios, en el conocimiento de las circunstancias y en la previsión de las consecuencias (Aguilar Villanueva, 1989: 565; énfasis del autor).

Si se toman en cuenta esas puntualizaciones, puede verse que el proceso de construcción del tipo ideal alude a un procedimiento en cuyo curso el investigador se provee de herramientas analíticas para interpretar la realidad. Es un medio para la comprensión de individuos históricos concretos, y la «comprensión» es la finalidad de la tarea de indagación. Apoyado en los datos de la historia, aunque despejado de contenido histórico, el tipo ideal es unilateral porque realza un solo curso de la acción y renuncia al estudio de la totalidad de caminos posibles que dicha acción hubiera podido tomar. Así pensado, no refleja todo lo que la realidad tiene de múltiple y discordante; en contraste, cobra la forma de un

---

[10] A propósito de las querellas gnoseológicas sobre el objeto y el método de las ciencias histórico-sociales, Aguilar Villanueva señala que «el tipo ideal es la respuesta de Weber a su tradición con los elementos de su tradición». Por ello, recoge, corrige y reordena las actividades prioritarias de una ciencia que busca conocer científicamente la historia social; para realizarlo, reúne en un concepto «la concreción, la determinación, la totalidad, la singularidad, el asimiento de la vitalidad y sentido de la acción humana, la conexión entre el acontecimiento pasado y el momento presente [...] pero, de igual manera, el concepto racional y el enunciado causal» (1989: 559).

esquema libre de contradicciones que opera como vía instrumental para entender un problema. El tipo ideal «espíritu del capitalismo» no es una proposición acerca del ambiente capitalista; tampoco es una hipótesis que pueda cotejarse directamente con la realidad, puesto que su carácter abstracto imposibilita la exacta correspondencia con algo concreto. Los tipos ideales «sólo son mojones precisos para apreciar la diferencia entre lo que pensamos y lo que ha sido, y para poner en evidencia el residuo que deja toda interpretación» (Merleau-Ponty, 1957: 14). En tanto concepto típico-ideal, el «espíritu del capitalismo» requiere una referencia al sistema de ideas que lo originó, pues como Weber destaca, el solo hecho de adherir a una religión no garantiza el surgimiento de una forma determinada de conducta práctica. Esa es la razón de su disposición a comprender por qué, entre quienes adhirieron al protestantismo surgió no solo un modo de concebir el mundo –algo privativo de todas las religiones–, sino cómo las creencias modelaron un cambio en las actitudes prácticas.

Por su influencia en la variación de las conductas, el «espíritu del capitalismo» es también un tipo particular de acción, tanto en su aspecto de técnica vital, como en su cariz ético-ideológico: es, a un mismo tiempo, una clase de acción y una idea, una visión del mundo. Puesto que las doctrinas religiosas –además de motivos puramente históricos– contienen sus propias leyes, las prácticas de ellas derivadas obran sobre el estilo de vida. Para Weber, el calvinismo ascético, individuo histórico de gran complejidad, no es una religión superadora de otras conocidas, sino un sistema de ideas de rasgos distintivos que contribuyó a la racionalización del mundo moderno. Justamente esto es lo que indaga en los ensayos que componen la EP, y lo lleva a cabo mediante una búsqueda minuciosa del racionalismo gestado en los siglos XVI y XVII como parte de la racionalidad burguesa y relacionando el metodismo formal con lo estrictamente empírico valorativo[11].

A su vez, el tipo ideal «espíritu del capitalismo» abre el camino hacia el proceso de imputación causal, un procedimiento que según la mayoría de los analistas reposa en la comparación, el método por excelencia de la sociología comprensiva. El cotejo entre la acción típico-ideal y la acción real permite conocer si se verifican recurrencias en la acción, a la vez que proporciona los medios de acceso a la imputación. Si se trata de aferrar aquello que los fenómenos sociales tienen de característico –lo que los

---

[11] A juicio de Gil Villegas, «en *Economía y Sociedad*, Weber ubica explícitamente los orígenes estructurales del capitalismo moderno en la Baja Edad Media, es decir, mucho antes de la aparición de la Reforma Protestante» (Gil Villegas, 2013: 11).

hace diferentes de otros fenómenos de su misma clase– y, paralelamente, de explicarlos, el método comparativo resulta la vía adecuada.

¿En qué consiste, entonces, la construcción del concepto típico-ideal «espíritu del capitalismo»? Entre los elementos que lo constituyen, sobresale la profesión, un vocablo y una idea producidos por la Reforma Protestante. El cumplimiento de los deberes intramundanos en la forma de una profesión lícita, contraria al egoísmo monástico, representa el único modo de agradar a Dios. Así como el protestantismo enseña a los creyentes una idea del trabajo con matiz ético y contenido intramundano, así las iglesias reformadas le aportan su configuración decisiva. Dice Weber que la posición de Lutero ante el trabajo se asemeja a la del catolicismo, debido a que mantiene una actitud de indiferencia ante la profesión. Posteriormente, su contenido varía hasta adquirir el perfil de una profesión ceñida a los mandamientos divinos. La apelación a la bondad distributiva del ser supremo ("el pan nuestro de cada día dánoslo hoy") es reemplazada por la cruda autodisciplina y las ataduras a los deberes terrenales. En esa transformación, el calvinismo desempeña un papel fundamental, sin el cual no hubiera sido posible la marca duradera legada por la Reforma. Portador de un aliento peculiar, diferente del catolicismo y el protestantismo luterano tradicionalista, su ascendiente no puede atribuirse a una intención manifiesta por despertar dicho espíritu o avivar el amor por los bienes terrenales. Lo mismo que las otras doctrinas reformistas, el calvinismo no busca más que afirmar modos posibles de conformar a Dios, preconizando el cumplimiento de prácticas mundanas destinadas a alcanzar la salvación del alma. Pero su especificidad radica en que los mandatos religiosos constituyen aspiraciones éticas que influyen vigorosamente en las conductas prácticas.

La idea del tiempo y su manejo, la responsabilidad ante los bienes materiales, la diligencia en la realización de las tareas mundanas son fundamentos relevantes del tipo ideal, todos ellos efectos culturales de la Reforma. Con todo, su incidencia sobre las condiciones del capitalismo remite a consecuencias imprevistas, no buscadas por los reformadores. El saldo inadvertido –el efecto de las ideas religiosas en las formas de conducción de la vida– inclina a Weber a otorgar importancia a la «eficiencia histórica de las ideas», proceso que alude al peso de la ideología en un nivel de eficacia no anticipada por sus cultores. El razonamiento sirve a la formulación de dos interrogantes: entre la Reforma y las transformaciones económicas, ¿hay una relación de necesidad histórica?; ¿el capitalismo es, sin más, una consecuencia de la Reforma? Las respuestas a tales preguntas proceden de otras dos enunciadas sobre la base del rechazo de las anteriores: ¿qué papel tuvieron las ideas religiosas en la expresión cuantitativa y cualitativa del «espíritu del capitalismo»?; y ¿qué aspectos de la cultura capitalista pueden imputarse a la Reforma?

Interés por la ética del calvinismo ascético

En virtud de la potente influencia de la Reforma Protestante sobre las conductas prácticas, Weber busca en la primera las causas del cambio en las segundas. En cuanto hecho relevante con el cual vincular el «espíritu del capitalismo», dirige su atención hacia el calvinismo ascético y, dentro de él, hacia el trabajo concebido como profesión. Su carácter de objeto económicamente significativo brota de los efectos observables que produce en la vida práctica a través de dos principios decisivos: establece un conjunto de estímulos para la acción y, al mismo tiempo, encierra fundamentos pragmáticos de carácter psicológico. Ambas consecuencias delimitan una ética económica que no se resulta mecánicamente de la organización de la economía ni es atributo de un estrato en particular; tampoco puede juzgársela como el único determinante de la organización económica, sino como uno, y solo uno, de los múltiples condicionantes de la economía. El *ethos* protestante es, primariamente, una expresión religiosa derivada de fuentes religiosas, pero a la que Weber le concede valor por su incidencia sobre el comportamiento. Es el punto de arranque para rastrear los motivos de ese cambio, perspectiva desde la que lee los escritos de Richard Baxter, un indicador notablemente revolucionario dentro del universo del protestantismo. La ética económica que subyace a la técnica vital de las máximas de Franklin, se convierte en objeto de indagación; al cuidadoso ordenamiento de sus atributos específicos, le sigue el conjunto de elementos que tipifican la «ascesis calvinista»: las nociones de riqueza, trabajo y predestinación; la particular concepción del hombre y el proceso de desencantamiento del mundo. Lo que Weber pretende conocer es cómo esos términos –cargados de motivos puramente religiosos– intervienen en el comportamiento de amplios grupos humanos, obligados a alterar sus modos de proceder en estrecha relación con postulados éticos que ordenan sus vidas en mérito de mandatos divinos.

Al perder su carácter peligroso y éticamente reprobable, la idea de riqueza experimenta un cambio esencial: cobra la forma de precepto obligatorio que fuerza a perseverar en su búsqueda, sin posibilidad alguna de pausa. En contrapartida, el ocio y la indolencia se convierten en fuentes de inagotables amenazas éticas. En consonancia con la resignificación de la riqueza, la contemplación y la dilapidación del tiempo pierden relevancia; y el trabajo no se estima como castigo divino, sino que adquiere el carácter de medio ascético; es decir, el único recurso congruente para vislumbrar alguna probabilidad de salvación. Percibido como quehacer duro y continuado, impone el apego al mundo, a todo lo que él provee y, en definitiva, al dios creador. Los medios para obtener la gracia divina se trasladan desde la magia y los sacramentos hacia la activa transformación del mundo concretada en la vida cotidiana. Al despojarse enteramente de contenido místico, los bienes de salvación también se alteran, se tornan accesibles a todos; a diferencia del luteranismo y el calvinismo –que restringían su alcance–, las sectas ascéticas no solo aceptan a los «virtuosos», sino que extienden la salvación a las masas. Según Weber, ello obedece tanto a causas históricas como a razones propiamente religiosas: históricamente, las primeras sectas aristocrático-estamentales que solo admitían a los virtuosos, mientras la iglesia organizaba la religiosidad de las masas, fueron reemplazadas por congregaciones de un nuevo género que, con la finalidad de captar adeptos, modificaron su modalidad de reclutamiento y permitieron la entrada de todos aquellos que estuviesen firmemente comprometidos con su concepción del mundo; desde el plano netamente religioso, la propia lógica del puritanismo –que deja al hombre solo frente a dios, sin mediaciones posibles–, lo obliga a llenar el vacío de la soledad a través de la fe.

Así como la riqueza y el trabajo sufren variaciones, la predestinación también se modifica. El destino no es más un enigma, algo predeterminado por toda la eternidad y absolutamente inaccesible a la conciencia humana; los teólogos introducen el supuesto de que todas las personas son elegidas de dios, pese a lo cual para alcanzar esa seguridad tienen que desarrollar una intensa actividad, única salida para complacer a la divinidad. La prédica de Richard Baxter, «el pastor de almas de más éxito que la historia conoce» (Weber, 1983: 135), se emancipa de la ortodoxia calvinista con la acuñación de un concepto de predestinación especialmente revolucionario. Aunque en apariencia intranscendente, el matiz otorgado al trabajo es mucho más que un detalle: alude a una nueva actitud ante las actividades terrenales consideradas no como un destino forzoso con el que conformarse –lo que supone prestar asentimiento al puesto que toca a cada uno en la división del trabajo–, sino como mandato irrevocable. La novedad contribuye al compromiso con un tipo de tarea que se expresa en la profesión, lo que a su vez favorece la creciente especialización y el aumento de las destrezas adquiridas en distintas profesiones; todo ello sanciona la posibilidad de salvación, además de contribuir al bien común. De ese modo, la alteración de la idea de predestinación encierra un doble efecto: en el plano personal, la elección de una profesión produce provecho económico y resulta grata a dios; en el plano social, provoca consecuencias positivas para la comunidad. Asimismo, Weber subraya la relación entre esa idea de predestinación y una nueva concepción del hombre, entendido ahora como «instrumento» y no como «receptáculo de la voluntad divina»; con ello, el individuo se metamorfosea en «administrador» de los bienes divinos y, por tanto, no puede oponer resistencia a la consecución de la máxima riqueza. Puesto que se trata del patrimonio de dios, debe rendir cuentas hasta del último centavo que se le confía. Propia del universo religioso, esa innovación forja un individuo que trabaja metódicamente, busca la mayor prosperidad y modifica el orden económico: al entender su actividad como un mandato, procura elegir profesiones calificadas para incrementar sus posibilidades de salvación y contribuir al bienestar de la colectividad.

Consecuencias de la concepción puritana de la vida

El agregado de elementos que Weber reúne en el concepto de «ethos protestante», se vincula con una práctica económica típica que, a su vez, obra como vía de acceso a la imputación causal del espíritu que la caracteriza.

Entre ellos, se establece una relación de rasgos propios que de ningún modo

> nos autoriza a sustituir una interpretación causal, unilateralmente materialista de la cultura y de la historia, por otra espiritualista igualmente unilateral. Ambas son igualmente posibles. Pero con ambas se haría el mismo flaco servicio a la verdad histórica si se pretendiera con ellas, no iniciar la investigación, sino darla por conclusa (Weber, 1983: 167).

El hombre moderno no percibe la formidable gravitación de las ideas religiosas sobre la vida práctica y el carácter de los pueblos, una influencia de la que Weber se ocupa mediante supuestos epistemológicos y lógicos que eluden las deducciones formalistas: en ese sentido, indica que también podría demostrarse cómo la ascética puritana ha sido influida, tanto en su origen como en su forma, por las condiciones sociales, culturales y económicas. Luego, se siente obligado a aclarar que

> hubiera sido fácil pasar [...] a una "construcción formalista" que dedujese lógicamente del racionalismo protestante todo lo "característico" de la civilización moderna. Pero esto lo dejamos para ese tipo de diletantes que creen en la "unicidad" de la "psique social" y su posibilidad de reducirla a una fórmula (Weber, 1983: 167; énfasis del autor).

El ascetismo intramundano racionaliza la vida y crea la matriz dentro de la cual se desarrolla la secularización; esto es, el alejamiento de los fundamentos originarios, el vaciamiento del contenido religioso, pero bajo la forma impuesta por la religión. Sus derivaciones se expresan en la uniformización de la vida, la potenciación de la división del trabajo, el cumplimiento de la profesión, el esfuerzo personal, el antiautoritarismo en comparación con la sociedad monárquico-feudal, la fijación del individuo a la propiedad, los sentimientos de responsabilidad por los bienes poseídos, el estrangulamiento del consumo, la disponibilidad –por parte de los empresarios capitalistas– de «obreros sobrios y honrados» (Weber, 1983: 161); en definitiva, asuntos que favorecen indirectamente al capitalismo.

La uniformización de la vida se desprende de la naturaleza del mandato puritano, cuyo contenido abarca a ricos tanto como a pobres: a todos incumbe el ejercicio de una profesión lícita orientada a la obtención de la riqueza con el propósito de comprobar que se está en condiciones de lograr el estado de gracia. Por su perfil de precepto universal, la profesión iguala a los hombres y, paralelamente, fortalece la división del trabajo, la especialización y la adquisición de habilidades. Por lo mismo, el trabajo no es rutina laboral, sino un quehacer ordenado y metódico desplegado en el marco de una profesión racional; en oposición al ocio aristocrático y la ostentación del nuevo rico, la actividad otorga preeminencia al esfuerzo personal. De allí surge la figura del *self made man*, del burgués austero que privilegia el trabajo duro y perseverante y repudia la despreocupación señorial. Como el creyente es alguien que administra los bienes que dios ha puesto a su disposición,

> está dominado por la idea de la propiedad como obligación o función
> cuyo cumplimiento se le encomienda, a la que se supedita como fiel admi-
> nistrador y, más aun, como "máquina adquisitiva" siente sobre su vida una
> gélida carga. Y cuanto mayor es la riqueza, si su modo de vivir es de verdad
> ascético, tanto más fuerte es el sentimiento de la responsabilidad por su
> conservación incólume ad gloriam Dei y el deseo de aumentarla por medio
> del trabajo incesante (Weber, 1983: 154-55; énfasis del autor).

Al impugnar el goce despreocupado de la riqueza, el ascetismo facilita la acumulación de capital por efecto de la retracción del consumo, y
obliga a los fieles a la práctica del ahorro. A ese respecto, Weber afirma
que

> la lucha contra la sensualidad y el amor a las riquezas no era una lucha
> contra el lucro racional, sino contra el uso irracional de aquéllas [...] Por
> uso irracional de la riqueza se entendía, sobre todo, el aprecio de las formas
> ostentosas del lujo –condenable como idolatría–, de las que tanto gustó
> el feudalismo, en lugar de la utilización racional y utilitaria, querida por
> Dios, para las necesidades del individuo y de la colectividad (Weber, 1983:
> 155-56).

La reformulación de las ideas de riqueza y lucro se traduce en podero-
sos efectos educativos que asisten a la conformación del *ethos* burgués del
moderno *homo economicus*. Posibilita que los empresarios se liberen de la
mala conciencia por su orientación a la ganancia, un fin bendecido por
dios, además de encontrar obreros de gran resistencia y lealtad hacia el
trabajo, inspirados en la misma noción ascética de profesión en cuanto fin
apreciado por la divinidad. Todo conduce a la legalización de la explota-
ción y a la aceptación de la desigualdad, puesto que la ascesis protestante
actúa como «impulso psicológico dado por la concepción de este trabajo
como profesión, como medio preferible y aun único de alcanzar la seguridad del estado de gracia» (Weber, 1983: 163).

Tanto el trabajo realizado por bajo salario como el enriquecimiento
de los empresarios resultan gratos a los ojos de la divinidad. Tomados en
conjunto, racionalizan la conducta puesto que suministran definiciones
precisas de los fines a perseguir, a más de indicar los medios adecuados
para alcanzarlos. Pero cuando su índole religiosa se debilita, solo per-
sisten las formas de acción, ahora sin aquellos motivos que solo actúan
como fundamento mecánico despojado del sostén del que gozaron en

el pasado. La secularización moderna hace que el trabajo no sea ya una forma de agradar a dios, sino un estilo de vida propio del cosmos capitalista que funciona mecánicamente e impone normas de comportamiento, educando y seleccionando los individuos que necesita. Así, para Weber, el desplazamiento de la ascesis desde las celdas monacales a la vida profesional, y su correlativa influencia sobre la moral mundana, produce

> este poderoso cosmos del orden económico moderno que, amarrado a las condiciones técnicas y económicas de la producción mecánico-maquinista, determina hoy con fuerza irresistible el estilo de vida de todos cuantos nacen dentro de sus engranajes (no solo de los que participan directamente en la actividad económica), y lo seguirá determinando mientras quede por consumir la última tonelada de combustible fósil. El cuidado por los bienes exteriores, decía Baxter, no debía ser más que "un liviano manto que se pueda arrojar en todo instante" sobre los hombros de sus santos. El destino ha convertido este manto ligero en férrea envoltura. La ascesis emprendió la tarea de actuar sobre el mundo y transformarlo; con ello, los bienes exteriores de este mundo alcanzaron un poder creciente y al cabo irresistible sobre los hombres, un poder que no ha tenido semejante en la historia. Hoy su espíritu se ha deslizado fuera de esta envoltura, quién sabe si definitivamente (Weber, 1983: 165-66; énfasis del autor).

La imputación causal

En clave weberiana, un enunciado causal consiste en una proposición que atribuye el rango de causa a una acción de la que ya se posee su concepto (por ejemplo, la tipificada en el «ethos protestante»); es, a la vez, una afirmación sobre la influencia de dicha acción en la configuración de una determinada situación histórica, situación también conceptualizada (el comportamiento práctico de los actores recomendado por Franklin, cuya expresión se encuentra en el «espíritu del capitalismo»). Se trata de contar con un concepto que diga «lo que persigue la acción, los medios que emplea para alcanzarlo y realizarlo, las circunstancias bajo las cuales actúa y las consecuencias que se siguen por haber empleado esos medios y no otros, en esas circunstancias» (Aguilar Villanueva, 1989: 330-331). Recién cuando ese procedimiento ha sido completado, pueden formularse hipótesis interpretativas sobre el curso y los efectos de una acción; pero por su carácter conjetural, las hipótesis requieren comprobación empírica: necesita establecerse «si los efectos contemplados y previstos por el concepto del actuar fueron efectos sucedidos en la realidad» (Aguilar Villanueva, 1989: 331). Para tal finalidad, el enunciado causal se vale del recurso de la racionalidad perfecta, parámetro con el cual comparar la realidad a través del contraste entre el tipo ideal y las acciones concretas. No obstante, si bien el actuar racional construido es precondición de la causalidad, ello no autoriza a asimilar orden real y orden lógico: el empleo de hipótesis acerca de acciones racionales posibilita enunciar hipótesis sobre acciones ciertamente sucedidas; en otros términos, las hipótesis ideales construidas se contrastan con las hipótesis causales efectivas.

En el curso de la exploración, el investigador concede a un suceso histórico la condición de fundamento de otro efectivamente observado; a un «individuo histórico» ideado para captar la singularidad, le corresponde una causalidad individual que no se deduce de leyes generales. A la explicación le cabe el nombre de imputación causal, precisamente, porque entre las múltiples causas que podrían producir una acción, indaga una y solo una de todas ellas. Además, la elección del suceso histórico que aplica como causa no es azarosa; depende de una opción deliberada de quien la elige entre una diversidad de acontecimientos. También por eso, la causación es condicional, lo que equivale a entender los fundamentos de la acción como condiciones o posibilidades objetivas sin cuya presencia el fenómeno histórico no habría ocurrido, o habría sucedido de otro modo:

> la explicación causal, que Weber considera como el objetivo general de la ciencia, opera en las ciencias de la cultura mediante juicios de posibilidad objetiva, lo que implica efectuar la imputación causal en términos de probabilidad, ya que se afirma que determinado hecho, proceso o factor, tiene o tuvo la posibilidad de ser la causa de otro hecho o proceso posterior, con lo cual se afirma no una verdad "taxativa", sino sólo que en el campo de lo posible había un hecho que potencialmente tenía más posibilidad que otro de ser eficaz en la producción de un evento (Girola, 1985: 92; énfasis de la autora).

De la misma forma, las conclusiones no son pruebas concluyentes, ya que solo expresan las condiciones de ocurrencia de un hecho histórico. Luego, la explicación de procesos individuales se ciñe a la identificación de razones hipotéticas suficientes, sin poder agotar «el análisis del flujo histórico del acontecer dentro del cual se originan los eventos» (Mori, 2013: 107-108). En consecuencia, la causalidad adquiere la forma de una explicación «en clave de atracción y repulsión, de correspondencia de sentido [...] o adecuación de significado» (González García, 1992: 62); en otras palabras, la «afinidad electiva» revela los modestos objetivos de la sociología weberiana: sustituye los «enunciados generales de causalidad y determinación por análisis históricos más concretos y referidos a la adecuación e inadecuación entre formas económicas y estructuras de acción individual o comunitaria» (González García, 1992: 67). De allí que la relación entre «ética protestante» y «espíritu del capitalismo» no nazca de ninguna generalidad; por el contrario, la concomitancia de procesos descansa en la idea de convergencia[12], adecuación, simultaneidad, interrelación entre fenómenos históricos específicos[13]. A pesar de su origen irracional, Weber descubre en la idea de ascesis puritana una eficacia práctica que la instituye como una de las fuentes históricas del orden económico capitalista. En los términos de Löwy, la afinidad electiva expresa «el curso del extraño periplo cultural que va de la alquimia a la literatura romántica, y de ésta a las ciencias sociales»; y agrega que su transformación en concepto sociológico es obra «de ese gran alquimista de la ciencia social que fue Max Weber» (Löwy, 2007: 90-91)[14].

Cuando de reúnen los hilos que tejen la trama metodológica weberiana, se advierte que la investigación se orienta hacia el estudio de casos históricos, de modo de aferrar y estimar sus diferencias. La multicausalidad y la afinidad electiva denotan una maleabilidad ajustada a la práctica de las ciencias sociales que, en este caso, se sirve de la comprensión histórica, un camino fértil para captar la «peculiaridad a través del estudio de la relación individual de los factores que tienen que entrar en consideración en la relación causal» (Nohlen, 2012: 343). En cuanto explicación de

---

[12] Se trata de «una relación interna rica y significativa entre dos configuraciones» (Löwy, 2007: 93), un proceso «por el cual dos formas culturales –religiosas, intelectuales, políticas o económicas– entran, a partir de ciertas analogías significativas, en un parentesco íntimo o afinidad de sentido, en una relación de atracción e influencia recíproca, elección mutua, convergencia activa y reforzamiento mutuo» (Löwy, 2007: 101).

[13] Según McKinnon, «las afinidades electivas no pueden ser fácilmente entendidas en los términos estándar de causa y efecto, [pues] los elementos forman enlaces, y juntos producen una nueva sustancia debido a las características de cada elemento; y eso se entiende mejor como una especie de "emergencia", un término con una considerable resonancia sociológica» (2010: 123).

[14] Weber y su contemporáneo Troeltsch comparten la idea de que la afinidad electiva «es un dispositivo importante para dar cuenta de [la] relación recíproca entre condiciones sociales y formas religiosas, [una] dialéctica de refuerzo mutuo y simbiosis cultural» (Dianteill y Löwy, 2009: 18).

lo observado, la imputación casual no emana de teorías abstractas, sino de constelaciones históricas concretas, concepción que lleva a Weber a encontrar una íntima filiación

> entre una ética religiosa y un comportamiento económico: el ascetismo puritano y el ahorro de capital, la ética protestante del trabajo y la disciplina burguesa del trabajo, la valorización calvinista de la virtud en el propio oficio y el *ethos* de la empresa burguesa racional, la concepción ascética del uso utilitario de la riqueza y la acumulación productiva del capital, la exigencia puritana de una vida metódica y sistemática y la búsqueda racional de la ganancia en el capitalismo (Löwy, 2007: 92-93).

En rigor, como se ha dicho reiteradamente, en la EP se encuentran abundantes y fructíferas sugerencias para desentrañar el significado de las acciones sociales y para discernir en qué consisten y cómo se configuran las relaciones entre los agentes; y a través de la comparación, «llegar a explicaciones causales de estas acciones, de las estructuras y procesos sociales, y del curso del cambio social en el desarrollo de las civilizaciones» (Marshall, 1986: 349). Aun cuando en general los tipos ideales suelen asimilarse a las clasificaciones, su servicio se extiende más allá de la sola sistematización conceptual, puesto que una vez elaborados resta por hacer la verdadera tarea de investigación: la comparación, de la que surgen las presunciones a confirmar a lo largo del quehacer sociológico.

Bibliografía

Aguilar Villanueva, L. (1988). «En torno del concepto de racionalidad de Max Weber», en *Racionalidad. Ensayos sobre la racionalidad en ética y política, ciencia y tecnología*, León Olivé (compilador), México: Siglo XXI Editores.

Aguilar Villanueva, L. (1989). *La idea de ciencia social*, volumen segundo: *La Innovación*, México: Universidad Nacional Autónoma de México (UNAM).

Almaraz, J. (1990). «Sociología de la religión y teoría sistemática en Weber», en Revista *Arbor*, N.º 539-540, Madrid, noviembre-diciembre.

Dianteill, E. y M. Löwy (2009). *Sociologías y Religión. Aproximaciones disidentes*, Buenos Aires: Manantial.

Ferrarotti, F. (1985). *Max Weber e il destino della ragione*, Roma-Bari: Laterza Editores.

Freund, J. (1986). *Sociología de Max Weber*, Barcelona: Península.

Gavilán, E. (2012). «Introducción», en *Sociología de la religión. Max Weber*, Madrid: Ediciones Akal.

Giddens, A. (1997). *Política, sociología y teoría social. Reflexiones sobre el pensamiento social clásico y contemporáneo*, Buenos Aires: Paidós.

Gil Villegas, F. (2004). *La ética protestante y el espíritu del capitalismo*, Introducción y edición crítica, México: Fondo de Cultura Económica.

--------------------- (2013). *Max Weber y la guerra académica de los cien años. Historia de las ciencias sociales en el siglo XX. La polémica en torno a La ética protestante y el espíritu del capitalismo*, México: El Colegio de México y Fondo de Cultura Económica.

Girola, L. (1985). «Sobre la metodología de Max Weber. Explicación y comprensión», en *Max Weber: Elementos de Sociología*, Galván Díaz, F. y otros, México: Universidad Autónoma de Puebla, Universidad Autónoma Metropolitana-Azcapotzalco.

González García, J. M. (1992). *Las huellas de Fausto. La herencia de Goethe en la sociología de Max Weber*, Madrid: Tecnos.

Huff, T. E. (2009). *Max Weber and the Methodology of the Social Sciences*, New Brunswick, New York: Transactions Publishers.

Kaesler, D. (2003). *Max Weber. Eine Einführung in Leben, Werk und Wirkung*, Frankfurt/Main: Campus Verlag (trad. P. de Marinis).

Lepenies, W. (1994). *Las Tres Culturas. La Sociología entre la literatura y la ciencia*, México: Fondo de Cultura Económica.

Löwy, M. (2007). «El concepto de afinidad electiva en Max Weber», en *La vigencia de Max Weber a cien años de "La Ética Protestante y el Espíritu del Capitalismo"*, Aronson, P. y E. Weisz (editores), Buenos Aires: Gorla.

Marshall, G. (1986). *En busca del Espíritu del Capitalismo*, México: Fondo de Cultura Económica.

McKinnon, A. (2010). «Elective Affinities of the Protestant Ethic: Weber and the Chemistry of Capitalism», en *Sociological Theory* 28: 1, Washington: American Sociological Association (ASA).

Merleau-Ponty, M. (1957). *Las Aventuras de la Dialéctica*, Buenos Aires: Ediciones Leviatán.

Montes, F. (2011). «El concepto de racionalidad en Max Weber», México: Universidad Nacional Autónoma de México, disponible en http://es.scribd.com/doc/56553729/El-Concepto-de-Racionalidad-en-Max-Weber#scribd

Mori, L. (2013). « La noción de "evento" (*ereignis*), en Max Weber y las categorías lógicas de una "Ciencia del caos"», en *Eidos*, Revista de Filosofía de la Universidad del Norte, N.º 18, Barranquilla, Colombia, disponible en http://www.redalyc.org/pdf/854/85425463004.pdf

Nohlen, D. (2012). «Enfoques en el análisis político (2002/2006)», en *Desafíos* N.º 24, volumen 1, Bogotá.

Pérez Franco, M. L. (2005). «La noción de "espíritu" en las sociologías de Werner Sombart y Max Weber», en *Sociológica*. Año 20, N.º 59, disponible en http://www.redalyc.org/articulo.oa?id=305024736004

Raulet, G. (2012). «La evidencia de la paradoja. La tesis de *La Ética Protestante* y su método de exposición», en *Max Weber y las paradojas de la modernidad*, M. Löwy (coordinador), Buenos Aires: Nueva Visión.

Rodríguez Martínez, J. (2005). «Introducción», en *En el centenario de la Ética Protestante y el Espíritu del Capitalismo*, Rodríguez Martínez, J. (editor), Madrid: Centro de Investigaciones Sociológicas (CIS).

Schluchter, W. (2005). «El estudio originario sobre el protestantismo en su controversia», en *En el centenario de La Ética Protestante y el Espíritu del Capitalismo*, Rodríguez Martínez, J. (editor), Madrid: Centro de Investigaciones Sociológicas (CIS).

Schluchter, W. (2007). «Max Weber y la sociología de la religión. Un proyecto desde una perspectiva comparativa y de desarrollo histórico», en *La vigencia del pensamiento de Max Weber a cien años de «La ética Protestante y el Espíritu del Capitalismo»*, Aronson, P. y E. Weisz (editores), Buenos Aires: Editorial Gorla.

---------------------- (2014). *O desencantamento do mundo. Seis estudos sobre Max Weber*, Río de Janeiro: Editora UFRJ.

Sotelo, I. (1990). «La idea del Estado en Max Weber», en *Arbor* N.º 539-540, tomo CXXXVII, Madrid.

Therborn, G. (1980). *Ciencia, Clase y Sociedad*, Madrid: Siglo XXI.

Weber, Marianne (1995). *Max Weber. Biografía*, Generalitat Valenciana, Valencia: Ediciones Alfons El Magnànim.

Weber, M. (1982a). «La "objetividad" cognoscitiva de la ciencia social y de la política social», en *Ensayos sobre Metodología Sociológica*, Buenos Aires: Amorrortu Editores.

-------------------------- (1982b). «El sentido de la "neutralidad valorativa" de las ciencias sociológicas y económicas», en *Ensayos sobre Metodología Sociológica*, Buenos Aires: Amorrortu Editores.

-------------------------- (1982c). «Estudios críticos sobre la lógica de las ciencias de la cultura», en *Ensayos sobre Metodología Sociológica*, Buenos Aires: Amorrortu Editores.

-------------------------- (1983a). «La Ética Protestante y el Espíritu del Capitalismo», en *Ensayos sobre Sociología de la Religión*, Madrid: Taurus Ediciones.

-------------------------- (1983b). «Introducción» a los *Ensayos sobre sociología de la religión*, Madrid: Taurus Ediciones.

-------------------------- (1985). «Roscher y Knies y los Problemas Lógicos de la Escuela Histórica de Economía», en *El Problema de la Irracionalidad en las Ciencias Sociales*, Madrid: Tecnos.

Asociacionismo: otro caso de sociología empírica

Es habitual, y no sin sólidas razones, considerar «La Ética Protestante y el Espíritu del Capitalismo» como la investigación más demostrativa del modo en que Weber elabora herramientas para comprender y explicar los acontecimientos históricos. Empero, sin desconocer su carácter provisional y nunca concluido, la sociología del asociacionismo puede verse como un valioso acercamiento al estudio de casos empíricos; también aquí se distinguen los supuestos teóricos, metodológicos, ideológicos y programáticos de la sociología weberiana.

El escrito sobre el tema forma parte del «Informe a la Sociedad Alemana de Sociología», encargado a Weber para inaugurar la sesión celebrada en Frankfurt en 1910. Allí, justifica la significación cultural del asociacionismo[15], fenómeno que a su juicio requiere indagarse tanto en términos cuantitativos como cualitativos. La propuesta que realiza a sus colegas se funda en la necesidad de conocer la especificidad de

> aquellas formaciones a las que convencionalmente se denomina como "sociales", es decir, todo aquello que ocupa una instancia intermedia entre los poderes políticamente organizados o reconocidos (Estado, municipios e Iglesia oficial), por una parte y, por otra, la comunidad natural de la familia (Weber, 2009: 198).

Una sociología orientada a la investigación de esas entidades dispone su ángulo de mira en un sentido lo suficientemente amplio como para abarcar desde un club de bolos, hasta las sectas religiosas y los partidos políticos; la curiosidad intelectual tiene origen en la evidencia de que «el hombre de nuestros días es, indiscutiblemente, un hombre de club –entre otras muchas cosas–, en un grado nunca imaginado» (Weber, 2009: 198).

---

[15] El asociacionismo surge en Europa, tanto como en Estados Unidos, en el siglo xviii y comienzos del siglo xix. En esa época, proliferan agrupaciones diversas en un momento histórico «en que el Estado promete prosperidad, pero aún no es lo suficientemente fuerte como para garantizarla y estas asociaciones encuentran buen respaldo para "hacer sociedad" en este ambiente» (Alejandre Ramos et ál., 2012: 120).

La constatación inicial –semejante a la que subraya la inserción de individuos de confesión protestante en los escalones más altos de la estructura
ocupacional– refiere a la abundancia de asociaciones de ese tipo tanto
en Alemania como en Estados Unidos. En el segundo caso, para la clase
media, la pertenencia a ellas conlleva la calificación de *gentleman*, tópico
también abordado en el ensayo de 1907 titulado «Las sectas protestantes y el espíritu del capitalismo»[16]. Aun cuando al vaivén del proceso de
secularización se hacen cada vez más mundanas y de su germen religioso
solo conservan la forma, las asociaciones –en cuanto individuos históricos– muestran las repercusiones de las sectas; esto es, su carácter de
«agrupación de hombres específicamente cualificados» y una estructura
sociológica no institucional que «rechaza [...] la sanción de entidades
autoritarias de coerción (Estado, Iglesia)» (Weber, 2009: 199). Caracterizadas en un sentido amplio, Weber avanza hacia la identificación de los
rasgos propios del asociacionismo alemán en comparación con el norteamericano; en consonancia con los principios de su metodología, procura
precisar las analogías, si las hubiere, y sus magnitudes y, en caso contrario,
registrar las causas de tales disparidades.

A los interrogantes externos u objetivos referidos al formato de las
asociaciones, añade otros de carácter subjetivo que buscan entender
cómo repercuten en la personalidad interior de sus integrantes. De modo
orientativo, adelanta su propiedad principal: la «afirmación» ante los
compañeros. Sin embargo, el estudio quedaría incompleto si no se cono-
cieran los medios empleados, si no se aprehendiera «el ideal específico
de "hombre" que cultiva», sea intencionadamente o inconscientemente
(Weber, 2009: 200). Se trata de determinar las diferencias observables
respecto de los modos posibles de obtener la estima de los camaradas,
un asunto que depende de los contrastes nacionales, las capas sociales
y la naturaleza de las asociaciones. Asimismo, propone prestar atención
a las minorías puestas a la cabeza y a las modalidades de ejercicio de la
dominación.

---

[16] Evidentemente, Weber regresa impresionado de su viaje a Estados Unidos, donde comprueba
que la admisión, primero a una secta y luego a un club exclusivista, garantiza –mediante
certificados de honradez y acreditación moral– la apertura de oportunidades. Precisamente,
en el escrito de 1907, incluido en los *Ensayos sobre sociología de la religión* (1983), una
nueva redacción del que había publicado en 1906 en el *Frankfurter Zeitung*, destaca que las
asociaciones «eran el vehículo típico de ascenso al círculo del empresariado burgués medio,
así como de la expansión y mantenimiento del *ethos* empresarial capitalista burgués» (Weber,
1983: 174).

Configuración típico-ideal de la asociación

Como todo agrupamiento humano, la asociación es una trama articulada de relaciones sociales con una regulación hacia fuera que pone límites a la inclusión, y un orden interno cuyo mantenimiento se garantiza cuando determinadas personas –«un *dirigente* y, eventualmente, un *cuadro administrativo*»– se hallan dedicadas a ese propósito (Weber, 1984: 39; énfasis del autor). La existencia de un dirigente es condición de posibilidad del orden interno; y el hecho de que ocupe esa posición, cuando lo que está en juego son los deberes y el servicio, se expresa en la devoción tradicional, afectiva o racional-valorativa; si lo que se dirime son sueldos o cualquier otro interés de índole material, entonces la dirigencia se selecciona a través de criterios racionales con arreglo a fines. Según la forma que revista la selección de dirigentes, así será el tipo de personalidades dominantes, lo que se liga al carácter de la asociación y al contexto cultural en que se encuentra inserta. Luego, la tipificación de la asociación resalta I) los medios de los que se sirven los dirigentes para asegurarse la lealtad de los miembros, obediencia que paralelamente afirma su propio dominio; II) la especificación de las condiciones culturales; III) los recursos utilizados para resolver la tecnificación de las actividades y la profesionalización de sus cuadros; y, especialmente, IV) la concepción del mundo sobre la que descansa originariamente la asociación, en virtud de que los contenidos ideales de sus prácticas intervienen poderosamente en la conformación de *habitus* a través de la reglamentación de la vida (Weber, 2009)[17]. Por último, hace hincapié en la necesidad de atender a la influencia de cada asociación sobre la conformación del carácter de los individuos y sobre el tipo de bienes culturales objetivos y supraindividuales que difunden.

En suma, el centro de sus preocupaciones sigue siendo el proceso mediante el cual, en el seno de agrupamientos relativamente retraídos sobre sí mismos, proliferan ideas de significativa eficiencia histórica, desarrollo que refuerza el politeísmo valorativo:

---

[17] Para ilustrar ese proceso, Weber recurre el ejemplo de «un famoso psiquiatra vienés, que ha llegado ya a tales extremos que cierra el paso y excluye rigurosamente de sus reuniones a quienes no pertenezcan a ella. El ideal del hombre "sin complejos" y la conducta de vida por medio de la que se constituirá y mantendrá un tipo de hombre, es el objetivo de la actividad de la secta» (Weber, 2009: 203-204; énfasis del autor).

> Ideales concretos y claramente delimitados no pueden cobrar vida de ningún otro modo que por vía, en principio, de la formación de una secta de adeptos entusiastas que ambicionan realizarse totalmente, y que por eso mismo se asocian entre sí y se aíslan de los demás (Weber, 2009: 204).

Puntos concernientes a la ejecución de la investigación

Como toda investigación, el estudio del asociacionismo requiere de datos cuyas fuentes son las propias asociaciones; de ellas se obtiene la información necesaria para elaborar una nueva casuística sociológica aplicada al conocimiento del tipo de profesionales y dirigentes –sean económicos y políticos, literarios y artísticos, funcionariado, profesorado o empresariado– demandados por la sociedad moderna. En último término, el objetivo radica en saber cómo han llegado a ocupar esas posiciones, una tarea a realizar mediante la confección de una muestra rigurosamente construida durante el arduo trabajo de investigación.

En lo relativo al financiamiento, Weber subraya la necesidad de contar con apoyos para solventar la tarea, un expediente que, según alega, escasea en Alemania. En caso de que ocasionalmente se disponga de fondos, ellos tienden a disiparse en la maraña de numerosos trámites administrativos o, en su defecto, se destinan a investigaciones científicas de corto plazo. En una observación que mantiene toda su vigencia, sostiene que los patrocinadores deberían ser lo suficientemente pacientes como «para esperar que la ciencia, que trabaja para sí misma, sea también algún día "útil para la vida"» (Weber, 2009: 207; énfasis del autor).

La extensa y trabajosa relación entre práctica científica y financiamiento, expresa la exigua valoración de los hallazgos –positivos, aunque lentos– que la investigación aporta a la vida en común: por un lado, la técnica, un factor crucial para dominar «tanto las cosas externas como la propia conducta de los hombres» (Weber, 1998: 223); por el otro, la claridad, un atributo que no solo atañe a la ciencia misma –dados sus impedimentos para difundir mensajes proféticos–, sino también a la política –en virtud de su capacidad para identificar la existencia de concepciones del mundo diversas y hasta antagónicas–. Como queda en evidencia, la validez y actualidad de los planteos revela una tendencia sin saldar que deja intacta la problematicidad entre los ritmos de la investigación científica y los tiempos y necesidades y de quienes la costean.

Bibliografía

Alejandre Ramos, G., Y. Hernández Romero, J. Pineda Muñoz (2012). «El asociacionismo regional y el surgimiento de actores en la configuración del desarrollo», en *Espacios Públicos*, volumen 15, N.º 35; disponible en http://www.redalyc.org/articulo.oa?id=67624803008

Weber, M. (1983). «Las sectas protestantes y el espíritu del capitalismo», en *Ensayos sobre sociología de la religión*, Madrid: Taurus.

--------------------- (1984). *Economía y Sociedad. Esbozo de sociología comprensiva*, México: Fondo de Cultura Económica.

--------------------- (1998). «La ciencia como vocación», en *El político y el científico*, Madrid: Alianza Editorial.

--------------------- (2009). *Crítica a Stammler y otros textos*, J. Rodríguez Martínez (edición y traducción), Madrid: Centro de Investigaciones Sociológicas (CIS) y Boletín Oficial del Estado (BOE).

LA ACCIÓN EN EL MARCO DE LO SOCIAL

Acción social: objeto de estudio de la sociología

El extenso recorrido que conduce a Weber hacia la sociología desemboca en el concepto de acción social, su objeto por excelencia. Pese a que en 1904 –en el marco de la fundamentación sobre la objetividad a la que aspira la ciencia– no refiere explícitamente a ella, aclara que las pretensiones de los investigadores recortan dos géneros de actividades bien diferenciadas, animadas cada una por propósitos diversos: están los

> "buscadores de materiales" y [los] "buscadores de sentido". El inextinguible apetito de hechos de los primeros solo puede saciarse con documentos, con tablas estadísticas y encuestas [...] La guía de los segundos echa a perder el gusto por los hechos a través de siempre nuevos destilados conceptuales (Weber, 1982a: 100; énfasis del autor).

La fusión entre ambos gustos es, precisamente, lo que anima el ejercicio weberiano: comprender y explicar la acción social a través de un sólido aparato conceptual formado por instrumentos que aprehendan su sentido. Por tanto, vale bucear en el conjunto de herramientas de que dispone el sociólogo cuando pretende buscar el sentido, cuestión que abre otros interrogantes: ¿la sociología es una disciplina que se sirve de los datos obtenidos en el campo de estudio, o su tarea consiste en internarse en las profundidades de las mentes humanas a la búsqueda de los motivos últimos que causan las acciones?; ¿el sentido de la acción es un observable a la espera de conceptualización, o se halla en un punto medio entre los hechos y los conceptos?

En principio, la formulación de la acción se asienta en el cuestionamiento de las totalidades y, en contrapartida, hace énfasis en la reciprocidad, un factor que moldea formas de actuar afirmadas en conceptos como los de orden legítimo, usos y costumbres, derecho y convenciones. Orientada por las acciones de otros, su análisis entraña no solo el conocimiento acerca de «cómo sucede la acción (a través de un esquema causa-efecto), sino también por qué sucede (a partir de un esquema medio-fin)» (Sánchez Rubio, 1985: 219). La acción social capta una dirección particular, un sentido específico «que constituye su sociabilidad» (De Feo, 2007: 83). Ese sentido, que vincula entre sí a dos actores hipotéticos mutuamente orientados, no constituye una propiedad objetiva de la existencia, sino una atribución metodológica destinada a comprender la acción real, sin que ello implique en lo más mínimo el ajuste de esa realidad al modelo construido: «el sentido no puede ser adjudicado ni al actor ni al objeto sino solo a la relación que se establece entre ambos» (Schluchter, 1990: 122).

En la elaboración típica, las acciones son recursos que permiten interpretar la relación entre medios y fines, razón por la cual proporcionan un conocimiento no equivalente al que se obtiene mediante revivencia endopática: mientras la interpretación sociológica es una operación intelectual que toma «los fines o valores como datos» (Weber, 1984: 7), la revivencia apunta a los sentimientos[1]. Luego, entre fines y efectos se interpone el método científico, cuya singularidad se asienta en la determinación de las conexiones de sentido:

> La acción que específicamente reviste importancia para la sociología comprensiva es, en particular, una conducta que 1) está referida, de acuerdo con el sentido subjetivamente mentado del actor, a la *conducta de otros*; 2) está *co-determinada* en su decurso por esta su referencia plena de sentido, y 3) es *explicable* por vía de comprensión a partir de este sentido mentado (subjetivamente) (Weber, 1982c: 177; énfasis del autor).

Lo que destaca en el concepto, entonces, es su dirección, justamente lo que hace de la acción social un objeto susceptible de interpretación sociológica. Y ello porque las acciones pueden inspirarse en muy diversas constelaciones de motivos, y aún así, presentarse a la observación semejantes en su curso y en sus resultados. De allí que la

> identidad de la referencia provista de sentido, no se liga a la identidad de las constelaciones "psíquicas" que eventualmente se presentan [...] una categoría como "afán de lucro" [...] en modo alguno pertenece a una "psicología"» (Weber, 1982a: 178; énfasis del autor).

---

[1] El distanciamiento con respecto de Dilthey y su idea de comprensión en términos de introspección lleva implícito el rechazo del intuicionismo asociado a la comprensión "interna" del significado de la acción social.

No son los contenidos de conciencia de personalidades concretas los que definen típicamente la acción, sino la mutua orientación, un asunto que resulta pertinente para la sociología pues contiene una referencia de sentido de carácter subjetivo; referencia que también se distancia de las series estadísticas y de los tipos antropológicos, los que solo intervienen en la interpretación a título de condiciones y consecuencias hacia las que se orientan las acciones cargadas de sentido. Por ende, «la acción es "social" solo cuando están involucradas otras personas o cuando su significación es tomada en cuenta, no en su ausencia» (Sica, 2004: 61; énfasis del autor). La comprensión del sentido de la acción social reposa en el conocimiento de las expectativas subjetivamente alimentadas por los actores con respecto a los objetos; unos objetos que, asimismo, incluyen la representación acerca de la validez del orden. Sin embargo, «las representaciones no se limitan a las normas, sino que pueden extenderse a lo no normativo, por ejemplo, el campo de la estética» (Schluchter, 2008: 139). La dirección de la acción hacia un orden determinado puede inspirarse tanto en fines como en valores, aunque su validez no es necesariamente una representación del deber, puesto que fines y valores –y aún los mismos valores– establecen entre sí una relación siempre heterogénea y frecuentemente irracional.

De la misma forma, Weber aclara que en general las acciones no persiguen fines unívocos que puedan reconocerse con exactitud; además, los actores no son plenamente conscientes de esos mismos fines ni de los medios adecuados para alcanzarlos. En palabras de Kalberg,

> Aún cuando el sentido subjetivo está en el centro de la sociología de Weber, y por lo tanto el individualismo dominante en las "ideas de valor" (*Wertideen*) de su propia época se manifiesta en sus axiomas fundamentales, la antropología de Weber deja enfáticamente abierto –para ser estudiado empíricamente– el grado en el que la formación de sentido subjetivo está influenciado por el mundo terrenal o por el reino sobrenatural (Kalberg, 2008: 25; énfasis del autor).

¿Cómo examinar la tipología de la acción social?

Para despejar y retener lo propio del concepto de acción social, Weber recurre a definiciones por la negativa[2] que informan las razones por la

---

[2] Cfr. *Economía y Sociedad* (1984), pp. 18-20.

cuales algunas acciones no reúnen las condiciones para tratarse como sociales. A párrafo seguido, desarrolla la conocida tipología compuesta por la acción racional según fines, la acción racional de acuerdo con valores, la acción afectiva y la acción tradicional[3]. Así organizada, la tipología responde a dos interrogantes: cómo sucede la acción y por qué sucede; es decir, se vale tanto del esquema medio-fin como del criterio causa-efecto. La acción tradicional es engendrada por estímulos habituales cuyos efectos se reflejan en la configuración de actitudes relativamente fijas. Como se encuentra en el límite de las acciones con sentido, pues falta la mutua orientación, no pueden reconocerse claramente medios y fines. La acción racional según fines pondera fines, medios y consecuencias y es causada por motivos utilitarios o instrumentales. Cuando se actúa de acuerdo con valores, los propósitos últimos obran como causa, y los medios de los que se sirve se planean para lograr tal objetivo. La acción afectiva, en cambio, carece de todo planeamiento, por lo que resulta muy dificultoso identificar causas y efectos, tanto como medios y fines.

Con ello, la tipología puede entenderse como un ordenamiento según una escala decreciente de racionalidad, en la que la acción racional con arreglo a fines la posee en el máximo grado. La acción racional de acuerdo a valores pierde racionalidad a medida que los valores que orientan la acción –éticos, estéticos, religiosos, políticos u otros– adquieren carácter absoluto y, consecuentemente, no realiza estimación de resultados. La acción afectiva y la acción racional valorativa comparten un rasgo esencial: ninguna calcula consecuencias, reduciéndose ambas a la acción misma. A diferencia de la acción racional con arreglo a fines –que toma en consideración los objetos exteriores y a los demás actores en cuanto medios o condiciones de la propia acción–, la acción racional valorativa está al servicio de una convicción, un deber, una dignidad o una causa, de modo que no interesan los efectos que podría engendrar: «el sentido y el valor de las acciones residen en su propia realización y no en el logro exitoso de un producto exterior a ella» (Guariglia, 1986: 222); la acción afectiva denota entrega emocional, y a medida que se colma de contenidos sentimentales, más se despoja de racionalidad.

A la par de la delimitación en términos de racionalidad, la tipología de la acción puede leerse como el recorrido histórico desde una sociedad donde predominan oscuras reacciones «a estímulos habituales» (Weber,

---

[3] Cfr. *Economía y Sociedad* (1984), pp. 20-21.

1984: 20), hasta otra en la que sobresale el escrupuloso cálculo instrumental. No obstante, en la sociedad moderna toda acción es siempre una combinación compleja de calculabilidad, valoraciones sustantivas, tradición y emociones[4]. Vista desde esa perspectiva, encierra un principio estructural que engloba acciones cognitivas (correspondientes a la racionalidad instrumental), expresivas (coincidentes con las emociones) y normativas (referidas a la racionalidad valorativa). Un agente puede

> perseguir sus propios intereses, como la obtención de poder o la adquisición de riquezas; o bien tratar de satisfacer determinados valores, como el respeto o la dignidad humana; o bien buscar una satisfacción entregándose a sus pasiones y deseos (Habermas, 1989: 360).

En esta caracterización falta la acción tradicional, una categoría residual no «susceptible de ulterior determinación» (Habermas, 1989: 361) debido a que no organiza racionalmente los fines y los medios; su contenido de racionalidad disminuye, lo mismo que su eficacia para intervenir causalmente en una determinada situación. Dado que la acción racional según fines es el punto de referencia de la tipología, entonces, a medida que se avanza hacia los otros tipos,

> se va estrechando poco a poco la consciencia del sujeto agente: en la acción racional con arreglo a valores se desvanecen del sentido subjetivo, escapando con ello a su control racional, las consecuencias; en la acción afectiva lo hacen las consecuencias y los valores; en la acción que solo se ejercita por la fuerza fáctica de la costumbre, lo hacen incluso los fines (Habermas, 1989: 362).

Tales apreciaciones sirven a Habermas para sostener que –al no partir de la relación social– la clasificación weberiana es no-social pues no se expide acerca del conflicto de los vínculos interpersonales y se reduce a la definición de acciones teleológicas monológicamente combinadas.

En contraste, para quienes hacen hincapié en las distintas maneras en que los actores orientan sus actos en cualquiera de las posibles situaciones de sociabilidad, las cuatro formas de orientación, coherentes en su

---

[4] Como afirma Kalberg, «el hombre moderno no está provisto de una mayor capacidad inherente para algún tipo de acción de lo que lo estaban sus ancestros». Con todo, «algunas épocas pueden tender predominantemente a poner en primer plano un tipo particular de acción» (Kalberg, 2008: 37).

construcción y discordantes unas de otras, incluyen la acción tradicional: su persistencia en la sociedad moderna se debe a que siguen existiendo acciones cuya inspiración procede del pasado y de la confianza en su autoridad, es decir, evaluaciones orientadas según la idea de «que lo que se hacía en el pasado merece y debe repetirse ahora (y en el futuro)» (Poggi, 2006: 45). De allí que los tipos puros de acción compongan un agregado cuya utilidad consiste en delimitar conceptualmente la variedad de acciones posibles mediante el énfasis en sus aspectos relevantes. Como el mismo Weber alega, la tipología no agota la realidad ni pretende convertirse en su representación exhaustiva, solo indica tendencias e ilumina ciertos rasgos distintivos. Y esto porque lo que reviste el mayor interés sociológico es el espacio de las articulaciones, los cruces y los acoplamientos entre distintos tipos de acción.

El hecho de que el eje de la tipología esté constituido por las acciones racionales con arreglo a fines, radica en que «brindan evidencia lógica [...] al emplearse como contraste de las acciones efectivamente realizadas» (Gil Antón, 1997: 85). Ahora bien; la acción racional de acuerdo con fines no es solo aquella que calcula fines, medios y consecuencias; también alude a la acción racional con relación a lo regular: mientras la primera se orienta subjetivamente hacia «fines unívocos, plenamente conscientes, y medios escogidos de manera consciente como "adecuados"», la segunda se establece en torno de una racionalidad «*fáctica, objetiva*» (Weber, 1982a: 182; énfasis del autor). Pese a las diferencias, en uno y otro caso, se considera que el actor obra racionalmente en relación con su fin, sea que emplee una ponderación subjetiva, sea que se sirva del conocimiento de las reglas de experiencia, por lo que para ambos «se comprende y [...] se explica el surgimiento y el curso de la acción sin necesidad de [...] "introyectarse" en la psique del actor y "revivir" la formación de su decisión última» (Aguilar Villanueva, 1989: 365; énfasis del autor).

En *Economía y Sociedad*, Weber advierte que los límites entre tipos de acción son muy fluidos, aunque la indeterminación es compensada metodológicamente puesto que «sí pueden separarse conceptualmente» (Weber, 1984: 20). Como el sentido de la acción no se busca en la corrección de los actos ni en verdades metafísicamente fundadas, la indagación se dirige hacia la diversidad de causas que lleva a las personas a otorgar sentido a sus propios actos. Dichas razones no son otra cosa que los motivos «que para el actor o el observador [aparecen] como el "fundamento" con sentido de una conducta» (Weber, 1984: 10; énfasis del autor). Para deslindarlo, el investigador recurre a la «adecuación de sentido», una categoría que permite identificar típicamente la relación entre los elementos que constituyen la acción. Su uso conlleva la comparación de la acción real con «los hábitos mentales y afectivos medios» (Weber, 1984: 11). Si, en cambio, se considera que la acción es «causalmente adecuada», es porque se le atribuye la probabilidad de que –según reglas de experiencia– «siempre transcurra de la misma manera» (Weber, 1984: 11). Por consiguiente, explicar causalmente la acción implica tener claro que en el curso del conocimiento lo primero es la observación de la experiencia, a lo que le sigue la elaboración de fórmulas interpretativas; ulteriormente, tienen que conocerse tanto el desarrollo externo de la acción como el motivo que la induce, a lo que se añade la relación entre ambos. Ciertamente, Weber reconoce la considerable variedad de acciones posibles y, precisamente por eso, construye unas cuantas alternativas que, a modo de recorte cognoscitivo, sirven para economizar recursos e indicar entre qué márgenes se desarrolla la realidad siempre concreta y heterogénea.

Puede decirse, entonces, que la tipología –mediante unos pocos constructos conceptuales que no se articulan azarosamente, sino que componen respuestas posibles al problema de la acción– asiste al sociólogo en la laboriosa tarea de comprenderla y explicarla. Cada tipo ideal destaca uno solo de sus aspectos y obra para que la comparación no se desvíe del curso real de su desarrollo, además de contribuir a captar el sentido que se despliega en su derrotero. A modo de ilustración del alcance de la tipología de la acción, vale el ejemplo que Weber presenta cuando en 1917 –imbuido por el clima general ante la inminencia de la derrota de Alemania en la Primera Guerra Mundial– afirma que

> para "comprender" [...] la conducción de una guerra, es imprescindible representarse [...] la presencia de un jefe ideal en ambos bandos, que conozca la situación total y el desplazamiento de las fuerzas militares enfrentadas y que tenga siempre presentes todas las posibilidades que de ello resultan de alcanzar la meta, unívoca *in concreto*, que consiste en la destrucción de la fuerza militar del enemigo, y que, también, sobre la base de este conocimiento, se condujese sin cometer errores y sin incurrir en fallas lógicas. Solo entonces [...] es posible establecer de manera unívoca la influencia causal que tuvo sobre la marcha de las cosas el hecho de que los comandantes reales no poseyeron tal conocimiento ni tal inmunidad frente al error, ni fuesen, en general, unas máquinas racionales de pensar (Weber, 1982b: 263; énfasis del autor).

La referencia a la conducción de la guerra descubre dos cuestiones significativas: por un lado, mediante la expresión "máquinas racionales", hace notar la franja de posibilidades alternativas de acción, siempre abiertas, que se presenta ante los actores; por el otro, aclara el puesto de la construcción racional, una senda para la imputación causal que permite comprender cómo se habría desarrollado la acción si no se hubieran cometido errores que contrariaron el fin (la victoria militar). Con ello, se evita la frecuente superposición entre "lo que es" y "lo que vale éticamente"; es decir, se vislumbra el revés en términos de los co-condicionamientos por causas no militares que bien pueden alterar el resultado buscado[5].

En resumidas cuentas, si la acción con sentido es el núcleo sustantivo de la sociología weberiana, dicha noción no comporta la existencia de un «"flujo interminable" de orientaciones de acción individuales, solitarias e inconexas» (Kalberg, 2008: 41; énfasis del autor); implica un esfuerzo intelectual conducente a la identificación de los modos de proceder de las personas en colectivos determinados, como es el caso de los creyentes que forman parte de una asociación religiosa. Como su nombre lo indica, el individualismo metodológico consiste en retener lo propio y específico de la acción, un individuo histórico que opera como recurso heurístico y dista de las generalizaciones con pretensiones de englobar el movimiento de la historia y del cambio social. Efectivamente, no hay en esta perspectiva algo que habilite a tacharlo de un individualismo ignorante de los lazos de sociabilidad y sus efectos institucionalizadores. Weber intenta, en cambio, detectar lo singular de esa sociabilidad, las particularidades de su curso histórico tal como se expresan en las clases y los estamentos, en las ciudades y el Estado, en las asociaciones y la religión, en el arte y el erotismo. Interpeladas por la racionalidad según fines, y dentro de un mundo desgajado, tales expresiones se constituyen en ámbitos «con independencia absoluta [de] los criterios de validez de la acción en cada uno de ellos» (Ruano de la Fuente, 2001: 101). Ese mundo, que reclama de los actores la posesión de una conciencia regida por la intención, los coloca ante la situación de tener que elegir cuándo actuar en consonancia con la herencia de la tradición, con los valores sustantivos, los sentimientos o el cálculo. Desde la acción racional conforme a valores propia del calvinismo ascético, hasta la acción racional según fines del capitalismo[6], se

---

[5] Cfr. Weber (1982b), 266-267; aquí, Weber expone unas proposiciones propias de la economía, pero las extiende al conjunto de las ciencias sociales.

[6] La acción racional según fines, «requiere un cierto conocimiento de las circunstancias

despliega una gradación que, en definitiva, se manifiesta en la conducta del individuo moderno, alguien que –aún cuando se conduce siguiendo sus motivos– vive en un espacio dominado por lo instrumental que no anula, sino que refuerza, la permanencia de tensiones irresolubles entre comportamientos tradicionales, valorativos, afectivos y técnico-cuantitativos. A diferencia de la jurisprudencia, centrada en un antropomorfismo que califica las acciones humanas en términos de culpa moral, la explicación sociológica se interesa por las condiciones que llevan a actuar de un cierto modo, prácticas que, como se dijo, también comportan la orientación hacia representaciones sobre la validez de un orden[7].

La sociología considera al individuo como actor, no como autor, puesto que sus propósitos transcurren entre la realidad de las acciones y las reglas o leyes que las orientan (Weber, 1982d). El sentido, entonces, no designa las conductas internas explicables a través de categorías psicológicas, sino los condicionamientos históricos que le otorgan forma. Por eso, el individualismo metodológico no puede reducirse a la sucesión de acciones y decisiones llevadas a cabo por actores individuales. El punto de vista sociológico, en cambio, se concentra en acontecimientos singulares, pero ese énfasis no encarna el descuido de lo colectivo. Mucho se ha discutido sobre la incongruencia entre singularidad y colectividad; sin embargo, lo que Weber refuta enérgicamente es la existencia de una mente colectiva –al estilo durkheimiano– o de un sistema de normas y valores comunes –en sentido parsoniano– que dirigen y controlan las conductas individuales. Con el rechazo de las explicaciones centradas en las necesidades del conjunto social, toma partido por la acción, impugna la función y se opone al organicismo que trata al individuo y sus acciones como piezas que contribuyen a la conservación de la totalidad[8]. La sociología com-

---

ideacionales y materiales en las que está inserta nuestra acción, ya que actuar racionalmente es actuar sobre la base de la reflexión consciente sobre las probables consecuencias de la acción. Como tal, el conocimiento que sustenta una acción racional es de naturaleza causal, concebido en términos de medios y fines relacionados y aspirando hacia un todo sistemático, lógicamente interconectado» (Kim, 2012: 17).

[7] «Weber sugiere que el análisis empírico-causal está radicalmente aislado de los aspectos valorativos-interpretativos de la investigación sociocultural» en virtud de que «los juicios de valor prácticos son, al fin y al cabo, materia de hechos irracionales y compromisos» (Ciaffa, 1998: 157).

[8] En *Economía y Sociedad* presenta un ejemplo muy ilustrativo de su enfoque: decir que no se sabe nada del bazo porque se desconoce la función que desempeña en relación con «las "partes" de un "todo"», no solo es una consideración que no conforma a los propios fisiólogos, sino que la «exageración de su valor cognoscitivo [conduce] a un falso realismo conceptual»

77

prensiva se sitúa «*más allá* de la simple determinación de sus conexiones y "leyes" funcionales», precisamente, porque las acciones sociales no son, como las células, objetos de captación funcional, sino de comprensión» (Weber, 1984: 13; énfasis del autor). En consecuencia, aun cuando la acción es la que encierra significación, ocurre en un contexto donde otros actores también son capaces de actuar (Poggi, 2006), y donde la representación de sentido «nombra una modalidad de orden social basada en una creencia impersonal, abstracta, en suma, transubjetiva, en la legitimidad de reglas de obrar de carácter imperativo» (Altomare, 2010: 40).

Bibliografía

Aguilar Villanueva, L. (1989). *Weber: la idea de ciencia social*, volumen segundo: *La innovación*, México: Universidad Nacional Autónoma y Miguel Ángel Porrúa.

Altomare, M. (2010). «Las dimensiones del sentido en la teoría social de Max Weber: acción social, relación social y orden legítimo», en *Perspectivas en Psicología*, volumen 7.

Ciaffa, J. (1998). *Max Weber and the problems of value-free social science. A critical examination of the Werturteilsstreit*, London: Associated University Presses.

De Feo, N. (2007). *Introducción a Weber*, Buenos Aires: Amorrortu Editores.

Gil Antón, M. (1997). *Conocimiento científico y acción social. Crítica epistemológica a la concepción de la ciencia en Max Weber*, Barcelona: Gedisa Editorial.

Guariglia, O. (1986). *Ideología, verdad y legitimación*, Buenos Aires: Editorial Sudamericana.

Habermas, J. (1989). *Teoría de la acción comunicativa*, volumen I: *Racionalidad de la acción y racionalización social*, Buenos Aires: Taurus.

Kalberg, S. (2008). *Max Weber: dimensiones fundamentales de su obra. Una introducción*, Buenos Aires: Prometeo.

(Weber, 1984: 83; énfasis del autor).

Kim, S. H. (2012). «Max Weber», *The Stanford Encyclopedia of Philosophy*, E. N. Zalta (editor), http://plato.stanford.edu/archives/fall2012/entries/weber/

Poggi, G. (2006). *Weber*, Madrid: Alianza Editorial.

Ruano de la Fuente, Y. (2001). *La libertad como destino. El sujeto moderno en Max Weber*, Madrid: Biblioteca Nueva.

Sánchez Rubio, V. (1985). «La presencia de Max Weber en el debate Habermas-Luhman», en *Max Weber: elementos de sociología*, México: Universidad Autónoma Metropolitana-Universidad Autónoma de Puebla.

Schluchter, W. (1990). «Sociedad y cultura: reflexiones sobre una teoría de la diferenciación institucional», en *Sociológica*, Revista del Departamento de Sociología, Año 5, N.º 12, México: Universidad Autónoma Metropolitana, Unidad Azcapotzalco.

-------------------- (2008). *Acción, orden y cultura. Estudios para un programa de investigación en conexión con Max Weber*, Buenos Aires: Prometeo.

Sica, A. (2004). *Max Weber & the New Century*, New Brunswick, New Jersey: Transaction Publishers.

Weber, M. (1982a). «La "objetividad" cognoscitiva de la ciencia social y de la política social», en Weber, M., *Ensayos de metodología sociológica*. Buenos Aires: Amorrortu Editores.

------------------- (1982b). «El sentido de la "neutralidad valorativa" de las ciencias sociológicas y económicas», en *Ensayos de metodología sociológica*. Buenos Aires: Amorrortu Editores.

------------------- (1982c). «Sobre algunas categorías de la sociología comprensiva», en Weber, M., *Ensayos de metodología sociológica*. Buenos Aires: Amorrortu Editores.

------------------- (1982d). «Estudios críticos sobre la lógica de las ciencias de la cultura», en *Ensayos de metodología sociológica*. Buenos Aires: Amorrortu Editores.

------------------- (1984). *Economía y Sociedad. Esbozo de sociología comprensiva*, México: Fondo de Cultura Económica.

LA POLÍTICA EN UN MUNDO DESENCANTADO

El carácter revolucionario del cambio.
La quimera de las revoluciones

Introducción

Captar la naturaleza de la explicación weberiana acerca del cambio social implica adentrarse en los argumentos que utiliza para explicar por qué –en el marco de la modernidad occidental– los intentos de transformación del orden deben sortear tantos y tan considerables obstáculos que llegan a tornarse irrealizables. A fin de elucidar su concepción, resulta necesario incursionar en su concepto de orden, no porque la sociedad sea para Weber depositaria de fuerzas internas que propenden al equilibrio, como pensaba Parsons. Tampoco, porque la explicación del cambio requiera imprescindiblemente contar con un principio de estabilidad que oriente en la búsqueda de la dirección y las fuentes de las transformaciones. A diferencia de las ideas del sociólogo norteamericano, no se encuentra en Weber un concepto de orden referido a la existencia de un conjunto de dispositivos disponibles para hacer frente al conflicto, moderar sus consecuencias y mantener en funcionamiento el intercambio interno de la sociedad, y de ella con su entorno. En virtud de que la sociedad no es una unidad provista de un núcleo compacto de valores concertados en torno a los cuales se organiza, Weber se revela como el sociólogo que con mayor brío formula la pregunta inversa: ¿cómo es posible la supervivencia social en medio del politeísmo valorativo, en una situación en la que dioses y demonios pugnan entre sí, y cuyas propiedades divinas o diabólicas no encierran una definición unívoca? En otras palabras, ¿qué es lo que proporciona continuidad a la sociedad, considerando que los ideales se constituyen «solo en la lucha con otros ideales, los cuales son tan sagrados para otras personas como para nosotros los nuestros?» (Weber, 1982a: 46).

Contra ese fondo se proyecta la visión weberiana del cambio social, en un horizonte donde la innovación tiene que enfrentar la dura resistencia de la racionalidad y, por tanto, rebasar los márgenes de las decisiones afirmadas en la calculabilidad y situarse en medio de esferas especializadas que institucionalizan la fragmentación de lo social.

El orden social moderno

La interrogación, entonces, abre un modo de respuesta acerca del principio organizador de la sociedad capitalista que hace hincapié en el surgimiento de la sociedad industrial y en sus efectos políticos, sociales, culturales y económicos, completándose la explicación con el cuidadoso análisis del proceso de consolidación de los Estados nacionales y su ulterior modificación ante la irrupción de las masas en la escena social. Su indagación resulta en una forma de organización configurada en torno a la producción, el trabajo y la política, ejes que, a su vez, constituyen actores guiados por la pluralidad de reglas que presiden la marcha de los diversos ámbitos de la vida social moderna. Luego, el orden social capitalista –en términos de la validez de un conjunto de máximas o reglamentos que actúan como mandatos y despiertan sentimientos de deber– conecta íntimamente con los tipos de dominación, con la obediencia que suponen y con la legitimidad que pretenden, cuestión esta última, completamente heterogénea de la rígida imposición[1].

Así definido, el orden social capitalista se distingue por dos rasgos principales: el primero, refiere a la existencia de una burocracia formal, regida por un cosmos de reglas abstractas que gobiernan las acciones de las asociaciones políticas e impregna todos los ámbitos de vida; el segundo, alude al mercado, espacio en el que tiene lugar la búsqueda de utilidades mediante el cálculo riguroso y continuo, y donde se dirimen los asuntos concernientes a la distribución del poder de disposición sobre bienes y servicios en torno al consenso de intereses, tanto en lo relativo a quiénes son sus depositarios como al empleo fáctico de tales bienes. Entre burocracia y mercado, se establecen vínculos estrechos, por cuanto la forma burocrática se impone por igual a toda clase de empresas, sean estas económicas, hierocráticas o políticas, de carácter público o privado, y con independencia del tipo de fines que persigan (Weber, 1984).

---

[1] En Beetham (1991), puede leerse un tratamiento exhaustivo de la legitimidad que destaca su multidimensionalidad. Para el proceso de validación legítima de un orden de dominación, ver Fleet (2009).

En consecuencia, la aplicación de reglas formalmente correctas, junto con la implementación de expedientes distributivos, conforman el orden social capitalista, un modo de dominación sustentado en constelaciones de intereses especialmente monopólicos y basado en la autoridad, es decir, en la relación entre el derecho de mando y el deber de obediencia[2]. En efecto, Weber confiere preeminencia al nivel asociativo, puesto que –en comparación con la faceta integrativa, colmada de connotaciones afectivas– posee un contenido de mayor racionalidad procedente del acuerdo entre intereses racionales, un arreglo también cargado de racionalidad. Sus efectos se plasman en un tipo de orden capaz de conjurar los peligros de la caída en la perturbación o en los extremismos, pero al costo de pérdidas significativas para la vida de los individuos (Ricœur, 2001).

Esa forma de dominio se revela como un «poder revolucionario de primera fila contra la tradición» (Weber, 1984: 852). Sin embargo, al valerse exclusivamente de medios técnicos, el cambio provocado por la revolución burocrática renueva la sociedad desde fuera: en primer término, modifica las cosas y las organizaciones, y más tarde a los hombres, obligándolos a efectuar múltiples desplazamientos desde conductas tradicionales hacia comportamientos racionales que abren la posibilidad de contar con innumerables y renovados medios y fines, siempre de índole racional, los que contribuyen a dicho ajuste. Como el atributo fundamental de la burocracia consiste en ser el procedimiento conocido más poderoso para transformar acciones comunitarias de carácter amorfo en acciones societarias racionales, obra como un puente que conduce desde los sentimientos subjetivos y las tradiciones –que amalgaman en una totalidad– hacia la sociedad –complejo inspirado en la compensación o en la unión de intereses–. A juicio de Weber, la burocracia posee la virtud de racionalizar acciones básicamente imprecisas, transformando la pura emotividad o el apego tradicional en cálculo y convenio. Ostenta, además, potencialidad para oponerse a toda acción de masas y a cualquier acción comunitaria (Weber, 1984), pues una vez establecida resulta imposible prescindir de ella o sustituirla por otro aparato de dominio, dado que el destino material de las sociedades masivas depende enteramente de su correcto funcionamiento[3].

---

[2] El nexo entre los dos términos modela el concepto de dominación, noción que tanto en el capitalismo como en cualquier otro tipo histórico conocido, da cuenta de la existencia de personas que pueden impartir órdenes a otras con cierto grado de éxito según las circunstancias, lo mismo que de personas en situación de prestar obediencia a tales mandatos.

[3] Si no se contara con un cuadro administrativo constituido por profesionales altamente

Por tanto, la racionalidad burocrática se instituye como un procedimiento de control que domina la realidad externa, pero que también actúa en el interior de las personas dando lugar a lo que Weber denomina "racionalidad práctica", vale decir, un comportamiento que –aunque carece de cualidades gnoseológicas pues no alude a leyes objetivas del movimiento social o a normas éticas inseparables de la naturaleza humana– posibilita otorgar algún sentido al mundo. La noción de racionalidad, además de su dimensión ético-práctica, posee un costado filosófico

> en el sentido noble del término, porque es un concepto en tensión, un comportamiento enfrentado con algo que es *otro* de la racionalidad, del *sentido-para-el-hombre* y que lleva el nombre de irracional (...) No hay racionalidad sin su *otro*. Y este *otro* tiene varios nombres: carisma, religión, eros (Cacciari, 1984: 167; énfasis del autor).

Para Weber el apego de la burocracia a disposiciones formales, la superioridad técnica que resulta de ello, con el añadido de su tendencia a la autoperpetuación, plantean un conflicto entre la irracionalidad de la política y la racionalidad de la administración que se suma a la tensión entre política y mercado. Mientras la burocracia actúa según criterios de saber técnico especializado, la política se rige por argumentos de orden valorativo, de modo que entre ellas se establece una trabazón que articula, siempre de modo complejo, el cumplimiento celoso de las normas, por un lado, con la autonomía decisional, por el otro (Weber, 1991)[4]. Atado a la misma lógica, el vínculo entre política y mercado entraña la tensión entre la impersonalidad de las relaciones de cambio –debido a su solo apego a las cosas sin consideración por las personas– y la política –una actividad vocacional que convoca al apego personal (Weber, 1984: 494)–. Otro

---

instruidos, con una preparación larga y especializada, «se cernería sobre nosotros el riesgo de una terrible corrupción y una incompetencia generalizada, e incluso se verían amenazadas las realizaciones técnicas del aparato estatal, cuya importancia para la economía aumenta continuamente y aumentará aún más gracias a la creciente socialización» (Weber, 1998: 102).

[4] La distinción entre el burócrata y el político no constituye una cuestión de forma; antes bien, pone en evidencia la voluntad de Max Weber por hacer que los partidos políticos, incluidos los de izquierda, se responsabilicen con la marcha del gobierno (Mommsen, 1981). Luego, «*no es asunto del funcionario* intervenir en el debate político para defender sus propias convicciones»; en contraste, «su orgullo ha de estar en la salvaguarda de la imparcialidad» (Weber, 1991: 172; énfasis del autor), en la adhesión escrupulosa a las ordenaciones generales, aunque no coincidan con las decisiones adoptadas.

tanto ocurre en el plano de la fraternidad o de la piedad, donde las relaciones personales se alzan por encima del anonimato (Weber, 1998: 86).

El carisma: elemento central de las revoluciones religiosas y políticas

Es exactamente ese conflicto el que posibilita la irrupción de un movimiento transformador. Aunque la estructura burocrática es la herramienta apropiada para la satisfacción de las necesidades cotidianas que se sujetan a cálculo, particularmente en situaciones de crisis las sociedades demandan la satisfacción de otras necesidades, no ya las que involucran la utilización de procedimientos técnicos racionales, sino las que se ligan a concepciones acerca de cómo satisfacerlas[5]. La observación permite esclarecer las diferencias de orientación que distinguen a la burocracia del carisma: mientras la primera responde a la premisa "cómo se hace", el segundo se ciñe al postulado del "servicio a la época" (Weber, 1984)[6].

La existencia de un poder capaz de comprender y detallar cuáles son las cuestiones que se sitúan más allá de la cotidianeidad hace del carisma –en contraste con la racionalidad burocrática– una fuerza transformadora que modifica desde dentro a los hombres al estimular motivaciones psicológicas y pragmáticas que, ulteriormente, renuevan las cosas y las instituciones a partir de la asimilación por parte de los individuos de las ideas del portador del carisma (Ruano de la Fuente, 1996). Si la burocracia demanda acomodación a un conjunto de normas estatuidas que opacan la santidad de las tradiciones, el carisma, en cambio, solicita apropiación y sumisión a un estado de cosas no existente todavía. Su poder revolucionario radica precisamente en la potencialidad para crear la historia, para afectar íntimamente el carácter de los dominados y para subvertir valores, costumbres, leyes y tradición (Weber, 1984). El "pacto" o la compensación de intereses que organizan la distribución sobre la base del cálculo y la organización racional de la producción, son suplantados por

---

[5] Dichas demandas emergen de estados de necesidad, situaciones que facilitan «la disposición a confiar en un líder que personifique una solución culturalmente congruente y creíble de la crisis en acto» (Cavalli, 1999: 22).

[6] Se trata de una "metanoia", un movimiento interior, una conversión o un encuentro con la figura carismática que trastorna las normas, por más alto que sea su desarrollo, y conmueve las tradiciones, por más sagrado que sea su carácter.

el "reparto" y el "uso" de los bienes, tópicos que reordenan la sociedad según razones enteramente nuevas.

En razón de que el vínculo entre el líder y sus seguidores se afianza en la confianza y en la fe, renueva los intereses materiales y morales e instituye un orden distinto que no se edifica sobre reglas externas o manejos coactivos, sino que afecta las conciencias y las dispone a un profundo cambio interior. Desde luego, para que eso suceda, resulta necesario que el clima cultural –sea religioso, civil, nacional o de clase– brinde el marco propicio para que prospere la fe en la misión personal[7].

Analogías conceptuales: religión y política

Ciertamente, las puntualizaciones conceptuales que Weber desarrolla en *Economía y Sociedad* y en otros textos donde analiza los problemas del orden social y de la dominación, se valen del esquema construido en «La Ética Protestante y el Espíritu del Capitalismo»; se benefician, además, de las reflexiones que forman parte de los *Ensayos sobre sociología de la religión*. Mucho se ha discutido acerca de si los escritos de 1904-1905 deben considerarse una formulación preliminar, o si constituyen un programa que cobra distintas formas a medida que avanza la investigación. Tanto en la «Ética Protestante y el Espíritu del Capitalismo» como en la Introducción de 1920 donde Weber estudia comparativamente el carácter de las éticas económicas que proceden de las distintas ideologías religiosas, se encuentran indicaciones que –pese al cambio de dirección que imprime a ese último ensayo– iluminan las raíces del dominio carismático. De la comparación, surge una continuidad argumental y una coincidencia conceptual a partir de las cuales pueden rastrearse las variaciones subsecuentes.

En principio, el carisma religioso y el político se erigen sobre una cualidad humana de carácter extraordinario que alude a fuerzas sobrenaturales. Ambos comparten idéntica energía transformadora, ímpetu que en un caso contradice la tradición, y en el otro sacude los pilares de la

---

[7] De esta suerte, «el problema de Weber es la innovación, pero en el sentido de que lo que le preocupa es el fin de la innovación (...); distinguiéndose de su ambiente burgués, no está obsesionado por el problema de la restauración, está preocupado por el fin de la tensión que ha presidido el nacimiento y el desarrollo del mundo moderno» (Rusconi, 1984: 168). Según el autor, la imagen de la "jaula de hierro" expresa el temor ante la posibilidad de que la vida se termine.

racionalización legal-burocrática. Tal capacidad responde a un imperativo decisivo: explicar el sufrimiento ante la recurrencia de desgracias. Y tanto la redención religiosa como la propuesta del dirigente político toman como objeto de salvación a la comunidad y al individuo, con lo que introducen un principio que combina lo universal y lo singular con base en anuncios que apelan a la fe. La comunidad, tejida en torno al líder y sus mandamientos, instituye un estado que supera la crisis anterior y una ventaja manifiesta en comparación con la disgregación social precedente. La certeza del caudillo religioso de reconstitución de la comunidad, tanto como la del político, es mucho más que simple voluntad de poder: es una misión de raíz emotiva que sirve para forjar el sentimiento de percibirse a sí mismo como instrumento de una divinidad, de una entidad más allá de este mundo.

Si, como afirma Weber, el puritano abraza la idea de que dios demanda de él una implicación activa en la sociedad para cambiarla según sus preceptos[8], el dirigente político carismático desafía a la inversión del orden social existente según sus propias ideas. El personalismo y el entusiasmo que lo animan, su oposición a la cotidianeidad, su rechazo de las reglas, lo hacen portador de un semejante ardor irracional. Así como el protestantismo influye poderosamente sobre el orden externo (Weber, 1983) y genera efectos prácticos visibles en el carácter de los individuos y en la configuración de la sociedad, el dirigente político quiere penetrar el temperamento de los hombres a través de su don particular. Por eso, desarticula el orden e instaura una nueva fraternidad que emancipa de los lazos sociales precedentes (Weber, 1984) y crea un nuevo *ethos* reflejado estructuralmente en la conformación de una comunidad de adherentes al mensaje político del jefe o del profeta. Su vocación, concebida como un servicio al interés común, representa la ausencia de motivos egoístas.

El desconocimiento protestante de las normas –en lo concerniente a la reducción del peso legal de la Biblia y a la prioridad asignada a la razón y a la conciencia para el desarrollo de las obras– se asemeja a la voluntad del carisma político para desautorizar el poder ordenador de las reglas y convocar a la esperanza ante situaciones de indigencia. A la par, el extrañamiento ante quienes no reconocen la dignidad carismática del dirigente

---

[8] Al fundar una comunidad nueva apoyada en una norma antes desconocida, la religión de salvación adquiere la forma de una revolución social al abolir la distinción entre moral interna y externa; la moral universal inaugura una concepción y una forma de proceder que pone en cuestión las estructuras sociales de base local o regional (Freund, 1986).

y de las pautas que instituye, guarda similitudes con el de los puritanos ante los pecados del prójimo. Ambos carecen de indulgencia, y originan grupos de iguales por convicción y sectas integradas por los amigos de dios. En ambas situaciones, el poder constituyente opera contra el sin-sentido del mundo: persigue transformar la realidad otorgándole sentido y reconfigurando la trama de acciones y relaciones en la dirección de una vida activa que, en el caso del carisma político, pretende que no se cuestionen sus mandatos ni se nieguen sus dones. En concordancia con la devoción prestada al profeta, la adhesión carismática es suprarracional o suprautilitaria, y se legitima a través de la realización de prodigios o de la posesión de atributos de visionario. En las sociedades donde surge, sus efectos estructurales se traducen en cambios en los vínculos de los individuos y los grupos con las instituciones sociales y económicas. Justamente en ello reside la capacidad del carisma político y, también, del carisma religioso para suscitar cambios sociales, para originar significaciones nuevas y construir «hombres en sentido propio, que actúan sobre la base de valores sentidos, y promoviendo el impulso vital de la civilización» (Cavalli, 1999: 50).

Lo mismo que el salvador, el caudillo interpela a los más necesitados de liberación, los convoca a la realización de sacrificios y valora positivamente el sufrimiento, con lo que la reinterpretación en términos éticos acerca de la desigual distribución de las desgracias, también, se impone como cláusula en el terreno de la política: ambas se enfrentan a la necesidad de explicar la incongruencia entre mérito y destino. Mientras el puritano trata con su Dios en el más profundo aislamiento y reputa a quienes no practican la fe como incumplidores de un deber e incapaces de regenerarse (Weber, 1983), el jefe político juzga a quienes se encuentran fuera de su influjo como desleales e incapaces de captar su mensaje. La comunización emotiva, por tanto, representa una renovación sentimental y subjetiva que constituye –y del mismo modo, restituye– la totalidad.

A ello se une un sentimiento natural de desconfianza hacia la riqueza y el poder que introduce la idea de devoción, principal recurso de legitimación de las clases menos favorecidas. Así como el líder religioso excita la piedad, así también el jefe político recurre a ella, un fervor que descree de la legitimación asentada en el honor estamental derivado de la sangre. En ambos, las promisiones proceden de la articulación entre ofrecimientos y compromisos, valores que exhortan a las masas y procuran forjar un movimiento de carácter ético. Esa pretensión, construida en torno a la aprobación de los principios que dicta la figura mundana o supramundana, concluye en la reglamentación de la vida de una multitud de hombres y hace variar la dirección de la conciencia y de la acción sometiendo toda la existencia a una verdadera conversión. Dado que las promesas conllevan obligaciones, la misión insta a realizar esfuerzos subjetivos exteriorizados en actos objetivos, con lo que tanto el creyente como el jefe político obtienen seguridades a partir de la realización de ciertas y determinadas actividades las que, en ningún caso, se alcanzan gratuitamente.

Los procedimientos que guían la relación entre subjetividad y objetividad en el campo religioso, también tutelan el carácter del carisma político: mientras el creyente comprueba su convencimiento mediante el desarrollo de una vida laboriosa y metódica que contribuye al bienestar de la comunidad, el dirigente político debe aportar a la felicidad de los dominados. En ambas circunstancias, lo que comienza siendo un sentimiento subjetivo, desemboca en resultados objetivos que, si no se concretan, tanto en un caso como en otro, culminan en la disipación de las cualidades carismáticas. Luego, la validez y la legitimidad del carisma, originados ambos en la entrega personal a un conjunto de preceptos, dan forma a un proyecto de vida organizado en torno a la perseverancia y la reflexión. Pero también, dependen del reconocimiento de los hermanos de fe, sea esta religiosa o política, es decir, de una corroboración por los actos sin la cual el carisma pierde sustento y legitimidad. De un modo similar al carisma religioso, el mantenimiento de la legitimidad del carisma político estriba en el reconocimiento y la ratificación de los seguidores, pues la sola formulación de promesas no alcanza a colmar la fe de los partidarios: la posesión de atributos extraordinarios tiene que plasmarse en acciones definidas.

Análogamente al cristianismo reformado, la revolución carismática significa el alzamiento contra el dominio de una sola idea o de un único estamento. En el caso del protestantismo, la posibilidad de acceso a la propiedad, a la celebración de contratos y a la libre elección de una profesión es un claro ejemplo de rechazo de los poderes hierocrático y político. Los protestantes reivindican respeto a la libertad de conciencia y tolerancia a su postura religiosa, con lo cual, sin buscarlo, inauguran la era de los derechos subjetivos contra todo criterio jerárquico tradicional. El encadenamiento de acontecimientos históricos que dan forma a la civilización occidental refuerza los rasgos de un orden que se establece en torno a relaciones sociales racionales, logros que según explica el propio Weber, encuentran su última justificación en la creencia propia de la época de la Ilustración, según la cual la "razón" del individuo, siempre que se le conceda vía libre, conducirá al mejor mundo posible en virtud de la Divina Providencia y a causa de que el individuo es el que mejor conoce sus propios intereses. La glorificación carismática de la "Razón" (que encontró su expresión característica en la apoteosis de Robespierre) es la última forma que ha adoptado el carisma dentro de sus múltiples posibilidades (Weber, 1984: 937; énfasis del autor).

Identificada con la capacidad de dominio cognoscitivo y práctico de la realidad, la iluminación carismática de la razón germina en un suelo específico: la fe en las condiciones del hombre para desplegar su raciocinio, con lo que el descubrimiento por parte de la ciencia de los mecanismos causales que rigen el mundo natural y social, estrechan y circunscriben el espacio de las revelaciones religiosas y políticas.

Acomodación del carisma a la cotidianeidad

Cuando el carisma político se ve apremiado a responder a las demandas de los prosélitos que buscan la permanente reanimación de la comunidad y cuando tiene que hacer frente a las pretensiones del séquito de durabilidad en sus cargos, su perfil varía pese al desdén por las actividades continuadas. Sin buscarlo, se rutiniza, se transforma en dominación permanente y pierde su energía revolucionaria, pues debe adaptarse a las condiciones de la economía y reconocer su calidad de fuerza dirigente en el manejo de los asuntos diarios. Así, esos cambios estimulan el deslizamiento de lo extraordinario a lo cotidiano, de lo personal a lo impersonal, de lo subjetivo a lo objetivo, de lo subversivo a lo institucional y programático, de la portación de atributos a la representación de ideas. A ello se acopla un problema adicional: la sucesión del líder, que acaba enviando a un segundo plano el reconocimiento de cualidades extraordinarias y abriendo paso a un proceso que forja una legitimidad adquirida por designación. Si la rutinización produce efectos de tradicionalización sobre el carisma y si los modos de funcionamiento que se procuraban desmontar retornan bajo la forma de prebendalismo o patrimonialismo, entonces, la revolución carismática ve decaer su vocación transformadora para sumirse, sin más, en el clima institucional anterior, con lo que queda atrapada en las mismas condiciones que buscaba suprimir. Si, en cambio, la rutinización confiere al carisma un formato legal-racional, su suerte acaba atada a la disminución del alcance de la acción individual y al disciplinamiento social. Vuelve a reinar la organización, las acciones se uniformizan y el heroísmo individual cultivado como un arte es desplazado por el adiestramiento, o en palabras de Weber, por una «presteza mecanizada por medio de la práctica» (Weber, 1984: 883).

La "transformación antiautoritaria del carisma" señala una cuestión fundamental: el deber de obediencia, erigido sobre el reconocimiento y la corroboración, muta en capacidad de los dominados para elegir, poner y hasta deponer al jefe político. Las creencias de los dominados que garantizan el orden de dominación ya no dependen de los fundamentos o pretensiones de legitimidad de los dominadores (Breuer, 1996). Si a esto se le suma el hecho antes mencionado acerca de los cambios interiores que lo revolucionan –hasta el punto de hacerlo pasar desde un formato piadosamente fundado a otro cimentado en la razón–, entonces, la posibilidad de que se desencadene una revolución es algo enteramente vinculado a la aparición de ideas innovadoras, planes elaborados e instituciones, todo lo cual redunda en una tendencia creciente hacia la objetivación suprapersonal. Con todo, el predominio de la razón en tanto principio y criterio organizativo-institucional retiene una nota propia del carisma en su sentido más puro: se le concede una superioridad cercana a la fe, muy parecida a la que da forma al carisma religioso. Vale decir que, mientras la razón conserva dotes carismáticas, el carisma religioso desborda racionalidad.

Las consecuencias paradójicas del carisma relativas al distanciamiento de sus intenciones originales concluyen en una racionalización que estructura el mundo según cánones estrictos para culminar en utilitarismo. A ese respecto, Weber señala que el universo de ideas religiosas suministra una "buena conciencia", que refuerza el creciente poder de los bienes exteriores y su ascendente influencia sobre la conducta de los hombres. En cuanto consecuencia no buscada por los reformadores, otorga forma al cosmos del orden económico capitalista una vez despojado de su aliento originario. Su impulso inicial, afín con la modificación de la interioridad humana, se consuma en una singular reforma de las instituciones, proceso que hace del capitalismo un dominio impersonal incompatible con puntos de vista éticos. Todos los elementos por entero personales y emocionales –esto es, todo lo que escapa al cálculo– quedan reducidos a mera irracionalidad. Y dado que en las instituciones del capitalismo no existe ningún indicador externo capaz de facilitar la identificación de un "jefe", las exigencias éticas resultan inviables (Weber, 1983), ya que su anonimato se resuelve en despersonalización: el mercado y la burocracia no son éticos, tampoco antiéticos; sino, simplemente, aéticos (Weber, 1983).

Conclusión

La serie de rasgos anotados esboza dos conceptos de carisma. Uno, de signo transhistórico, característico de cualquier tiempo y lugar y que «se extiende sobre los hombres, en todas las épocas, a través de los siglos» (Weber, 1983: 712). Su utilidad metodológica permite contar con una noción que retiene lo propio de la relación social que instaura y de la hechura que otorga a la sociedad de la que surge; otro, de naturaleza histórico-comparativa que pretende aferrar la singularidad de su contribución a la reestructuración de la sociedad europea y norteamericana. El análisis weberiano acerca de las éticas económicas de las religiones universales —complejos de ideas que constituyen impulsos prácticos para la acción, ejercen influencia y dirigen las actividades económicas y las motivaciones— constituye una clara ilustración del carácter configurador de las condiciones materiales sobre la cultura y las ideas éticas y religiosas (Weber, Marianne, 1995). Procediendo del mismo modo, Weber demuestra que, desde la dominación tradicionalista hasta la conformación de un estamento administrativo profesional, siempre ha estado presente la necesidad de algún tipo de calificación, lo que «hace época por todas partes en el arte de la administración» (1984: 183-184).

Dada la fatalidad del poder burocrático y el destino ineluctable del carisma a convertirse en pura rutina, ¿qué factores y qué combinación de circunstancias podrían desencadenar una revolución en un contexto signado por la erosión de la libertad individual? En 1919, en la conferencia ante los miembros de la Asociación Libre de Estudiantes de Múnich, Weber afirma que el componente emocional de las revoluciones tiende a decaer hasta llegar a un estadio en el que «los héroes de la fe y la fe misma desaparecen». Los profetas revolucionarios no tienen más remedio que someterse a la cosificación, a «la proletarización en pro de la disciplina» (Weber, 1998: 174). Como el objetivismo impersonal del aparato burocrático imposibilita técnicamente cualquier manifestación revolucionaria y obstaculiza la creación de nuevas instituciones, pues siempre sigue funcionando sea para una revolución triunfante o para un enemigo vencedor

(Weber, 1984), las revoluciones tienden a ser sustituidas por golpes de Estado (Weber, 1984). Para evitarlos, y a la vez oponer algún poder efectivo a la dominación mediante administración burocrática, el único recurso en situación de salvar algún vestigio de autonomía personal consiste en estimular la emergencia de figuras políticas. En comparación con la fragilidad de la fe heroica de los caudillos carismáticos, las creencias del político moderno poseen una solidez que emana de su conocimiento y manejo de los instrumentos de poder (Weber, 1991), así como de sus cualidades de liderazgo. Todo lo habilita para situarse en la cumbre, sobre todo su capacidad para luchar por una causa y hacerse cargo de las derivaciones de su actuar. La política moderna absorbe al carisma a costa de su inversión en algo cotidiano y regular y desafía a la burocracia, al precio de una lucha incesante contra los desbordes y extralimitaciones del estamento administrativo. Y como la política supone siempre un pacto con poderes diabólicos, el dirigente no puede prometer la salvación del alma, aunque al igual que el creyente, si no quiere sucumbir ante la proliferación de demandas, debe actuar "con la cabeza", ajustando su vida a una continua evaluación sobre las consecuencias de sus actos. Tanto en la arena religiosa como en la política, se induce a emplear el entendimiento a fin de ponderar los efectos de las propias acciones; pero también, en ambas, el uso de la razón no basta por sí solo; se requiere, además, una elevada cuota de convicción (Weber, 1998).

Pese a emplazarse en torno a la figura de un jefe político poseedor de convicciones y responsabilidades, la revolución carismática está siempre expuesta a convertirse en un «carnaval» (Weber, 1998: 155), en una verdadera desrresponsabilización de carácter objetivo o en un romanticismo ignorante de la mesura rayano con el frívolo juego intelectual. Por consiguiente, la lucha política, el medio más idóneo para revolucionar la vida social, constituye un asunto lindante con la fe, con la convicción del jefe político y con las adhesiones que despierta. Con ello, la revolución –en el sentido de una movilización comandada por una personalidad– resulta en una lucha colmada de pasión, pero penetrada de responsabilidad para asumir compromisos. Las consecuencias niveladoras del capitalismo racional, lo mismo que sus organizaciones impersonales de gigantescas dimensiones, demandan la existencia de un dirigente que sepa arreglárselas para accionar en un campo donde pugnan jefes de partido y dirigentes empresarios. El terreno donde se libra el combate, al igual que el del puritanismo, no es un paraíso sereno y confiable; tampoco es equivalente a la comunidad originaria que invoca sentimientos. Por el contrario, se trata de un espacio atravesado por la lucha irreconciliable de valores, los que –según el certero comentario de Bobbio– no encuentran un punto de catarsis, un término donde el conflicto se resuelva (Bobbio, 1985).

La suma de rutinización y fatalidad, la propensión del carisma a ordenarse racionalmente y el carácter indestructible de la burocracia, con el añadido de las dos éticas que desafían al político, hacen que las revoluciones –en el sentido innovador del término– se vuelvan quimeras, utopías irrealizables e imaginaciones ilusorias, ya que las fuentes de las que surgen son las excepcionales situaciones en las que los dominados pueden llevar a cabo la destitución del jefe político:

> en el punto central del pensamiento histórico-universal de Max Weber se encuentra un modelo dualista del cambio histórico que tiene su expresión clásica en la dicotomía del carisma individual y de la burocracia anónima (Mommsen, 1981: 14).

La fuerte imbricación entre ambos bosqueja un escenario que, lo mismo que la concepción protestante sobre la vida humana, se halla marcado por un destino inevitable. Sin embargo, y aun considerando la radicalidad de su postura ante las posibilidades de concreción del cambio social, su intervención intelectual en el curso de la historia alemana de su tiempo lo vuelve alguien no fácilmente asimilable a quien se conforma con lo dado. Hay en él, como se ha dicho reiteradamente, un desencanto que lo lleva a descreer de toda utopía, a adherir a la idea de que los valores únicos han desaparecido para siempre, sin que ello signifique renunciar a los valores. La diversidad de dioses y demonios sigue obligando a asumir responsabilidades y a hacerse cargo de la creciente complejidad social en un mundo donde el cambio todavía arraiga en la política, esa actividad que, como lo prueba la historia, consigue lo posible solo intentando lo imposible (Weber, 1998).

Para bien o para mal, la lucha a muerte entre dioses y demonios, propia de la vida moderna, despoja de contenido natural a las acciones y transcurre en un suelo donde «el alma, como en Platón, *escoge* su propio destino: el sentido de su hacer y de su ser» (Weber, 1982b: 238, énfasis del autor); lo mismo que hacía el protestante al enfrentarse a la inexorabilidad de la predestinación que lo elevaba por encima de su estatus natural. En una frase que traduce inmejorablemente la postura weberiana acerca de los condicionantes de la modernidad para la realización de cambios sustantivos, su esposa afirma que Weber realiza un diagnóstico irrebatible sobre el predominio de los bienes materiales, sobre el vaciamiento ético del capitalismo occidental, pero aunque «extiende la mano por un momento hacia el velo que cubre el futuro de este inmenso desarrollo, [...] no se atreve a levantarlo» (Weber, Marianne, 1995: 514).

Sin embargo, aun considerando esa penetrante observación, Weber apela a un argumento categórico: pese a las notas distintivas de la modernidad capitalista, nada está definitivamente dicho, nadie puede saber con seguridad si de la envoltura vacía surgirá un nuevo profeta, si de las cenizas de la pura objetivación emergerá alguien en capacidad de reencantar el mundo. Y como la sociología no es equivalente a la adivinación, no tiene forma de anticipar taxativamente si de los especialistas sin espíritu y de los hedonistas sin corazón brotarán hombres en el sentido pleno del término (Weber, 1983). Si por la fuerza de la historia eso llegara a ocurrir, el politeísmo vería mermada su potencia y, tal vez, la historia volvería a empezar.

Bibliografía

Beetham, D. (1991). «Max Weber and the Legitimacy of the Modern State», en *Analyse & Critique* N.º 13, disponible en http://www.analyse-und-kritik.net/1991-1/AK_Beetham_1991.pdf

Bobbio, N. (1985). *Estudios de historia de la filosofía. De Hobbes a Gramsci*, Madrid: Debate.

Breuer, S. (1996). *Burocracia y carisma. La sociología política de Max Weber*, Valencia: Ediciones Alfons El Magnànim.

Cacciari, M. (1984). «La política después de las ilusiones», Mesa Redonda Cacciari, Casano, Giovanni, Rusconi, en *Política y desilusión (Lecturas sobre Weber)*, Galván Díaz F. y L. Cervantes Jáuregui (compiladores), México: Universidad Autónoma Metropolitana, Unidad Azcapotzalco.

Cavalli, L. (1999). *Carisma. La calidad extraordinaria del líder*, Buenos Aires: Ediciones Losada.

Eisendstadt, S. N. (1970). *Ensayos sobre el cambio social y la modernidad*, Madrid: Tecnos; capítulo 12: "La tesis sobre *La Ética protestante* en el contexto de un análisis comparado".

Fleet, N. (2009). «Razón y dominación. La legitimidad en Weber como orientación simbólica de la acción política», en *Revista Austral de Ciencias Sociales*, N.º 16, disponible en http://mingaonline.uach.cl/scielo. php?script=sci_arttext&pid=S0718-17952009000100002&lng=es&nrm=iso

Freund, J. (1985). *Sociología de Max Weber*, Barcelona: Ediciones Península.

Mommsen, W. (1981). M*ax Weber: sociedad, política e historia*, Buenos Aires: Editorial Alfa.

Ricœur, P. (2001). *Ideología y utopía*, Barcelona: Editorial Gedisa.

Ruano de la Fuente, Y. (1996). *Racionalidad y conciencia trágica. La Modernidad según Max Weber*, Madrid: Editorial Trotta.

Rusconi, G. E. (1984). «La política después de las ilusiones», Mesa Redonda Cacciari, Casano, Giovanni, Rusconi, en *Política y desilusión (Lecturas sobre Weber)*, op. cit.

Weber, Marianne (1995). *Max Weber. Una biografía*, Valencia: Ediciones Alfons El Magnànim.

Weber, M. (1982a). «El sentido de la "neutralidad valorativa" de las ciencias sociológicas y económicas», en *Ensayos sobre metodología sociológica*, Buenos Aires: Amorrortu Editores.

---------------------- (1982b). «La "objetividad" cognoscitiva de la ciencia social y de la política social», en *Ensayos sobre metodología sociológica*, op. cit.

---------------------- (1983), «La Ética Económica de las religiones universales. Ensayos de sociología comparada de la religión. Introducción», en *Ensayos sobre sociología de la religión*, Madrid: Taurus.

---------------------- (1983). «La Ética Protestante y el Espíritu del Capitalismo», en *Ensayos sobre sociología de la religión*, op. cit.

---------------------- (1984). *Economía y Sociedad. Esbozo de sociología comprensiva*, México: Fondo de Cultura Económica.

---------------------- (1991). «Parlamento y gobierno en una Alemania reorganizada. Una crítica política de la burocracia y de los partidos», en *Escritos Políticos*, Edición de Joaquín Abellán, Madrid: Alianza Editorial.

---------------------- (1998). «La política como vocación», en *El político y el científico*, Madrid: Alianza Editorial.

La visión weberiana del conflicto social

Algunas especificaciones de orden formal

Indagar el conflicto social u otro concepto incluido en el universo de ideas de Max Weber supone enfrentar el obstáculo de la complejidad y fragmentariedad de su obra. No es que el sociólogo alemán detente en exclusividad esa característica, pero en su caso, el seguimiento de las nociones se complica a raíz de que los textos que conocemos (fuera del primer volumen de los *Ensayos sobre Sociología de la Religión*) no fueron revisados ni organizados por él mismo para su edición definitiva. A la vez, y esto ya corresponde a su propio punto de vista sobre la ciencia social, las categorías se cargan de connotaciones diversas según se las lea en los "escritos académicos" o en los "escritos políticos". Tal como afirma en un ensayo elaborado tras la derrota alemana en la Primera Guerra Mundial, la segunda clase de artículos son «apuntes» (Weber, 1982a: 253) de carácter coyuntural sin ninguna pretensión de validez científica; su propósito persigue estimular un debate vinculado con la forma institucional y los pasos a dar para lograr la gobernabilidad de una sociedad intensamente traspasada por las consecuencias del revés militar. La señalada prescripción impregna todo su pensamiento, al punto que las nociones de capitalismo, burocracia y democracia, por ejemplo, presentan contenidos heterogéneos según su uso en ambos niveles reflexivos.

La rigurosidad de los conceptos sociológicos contrasta con el dinamismo que les confiere cuando analiza los avatares políticos de Alemania y de Europa en las primeras décadas del siglo xx. Si se siguen sus razonamientos, se observa que el grado de conflictividad que les otorga en los escritos políticos es evidentemente superior en comparación con las definiciones que integran su amplio y detallado marco conceptual. Vale por caso la caracterización del capitalismo, cuya definición conceptual se encuentra incluida en el proceso más abarcador de la racionalización occidental, mientras en los escritos políticos adquiere la forma de una trama de relaciones que desencadena la lucha de clases. Desde la perspectiva científica, la política es pensada a través de las categorías de orden y autoridad, a diferencia del conflicto y la lucha entre naciones que sobresale en su tratamiento político. Cuando analiza conceptualmente la burocracia, hace hincapié en los efectos que produce sobre la forma de la sociedad, mientras que desde el punto de vista político realza el peligro asociado a la tendencia del estamento burocrático a desbordar sus propios límites, a inmiscuirse en campo ajeno y a imponer procedimientos técnico-administrativos a figuras motivadas por la pasión y la responsabilidad[9].

De allí que la omisión de alguno de los niveles puede acarrear un malentendido, por otra parte bastante difundido: la creencia de que el conflicto está ausente, cuando en realidad se encuentra en el corazón de las fundamentaciones weberianas.

Perpetuidad del conflicto cultural

En general, las teorías del orden se valen de una imagen de la sociedad concebida como sistema unificado, cultura compartida o consenso de valores, procesos que le otorgan solidez y organización. No es el caso de Weber, para quien la segmentación en esferas de valor regidas por lógicas autónomas constituye un entramado fragmentado que da el tono a la modernidad occidental.

Para comenzar, no está de más recordar unas de esas frases célebres que, al igual que muchas de las que componen la cultura de las ciencias sociales, ha resistido la prueba del tiempo:

> El *conflicto* (...) no puede ser excluido de la vida cultural. Es posible alterar sus medios, su objeto, hasta su orientación fundamental y sus protagonistas, pero no eliminarlo (Weber, 1982b: 247; énfasis del autor).

Su ubicuidad, lo mismo que sus consecuencias, pasan inadvertidas cuando reina la inacción y la indiferencia, aunque ello no entraña su desaparición, sino solo el desplazamiento hacia formas de convivencia más pacíficas. Contra el fondo de su carácter ineliminable, Weber critica el concepto de progreso, precisamente, porque desconoce el conflicto y porque su valoración positiva jamás calcula los costos individuales y colectivos que comporta (Weber, 1982b). Cuando se observa el problema del conflicto cultural en los ensayos sobre las religiones, puede verse que el fenómeno universal de la lucha ocupa un sitio destacado, más allá de

---

[9] David Beetham, uno de los comentaristas que mejor interpreta la cesura conceptual, indica que –pese a la intención weberiana de distanciar analíticamente ciencia y política– «la realización de análisis empíricos correctos era tan importante para la política como para la ciencia; la capacidad de prever los inconvenientes prácticos constituía una cualidad tanto para el político como para el científico» (1979: 34).

la pureza de las intenciones de dichos movimientos y de la autenticidad de las convicciones de sus adherentes. De un modo u otro, todas las
religiones se impusieron y alcanzaron preponderancia en la lucha con
otras ideas, en el curso de una disputa conflictiva por monopolizar la
legitimidad de las creencias. De allí que tengan la virtud de ilustrar un
rasgo sobresaliente de la vida social en general: la paradoja de las consecuencias, esto es, la discordancia entre las intenciones originales de los
hombres y los grupos, y los efectos que producen en último término. Así
como los creyentes llegan a resultados que se alejan, y hasta entran en
contradicción con su propósito inicial, así también la lucha política suele
aparejar desenlaces no deliberadamente buscados por sus promotores, de
modo que toda lucha es atravesada por el desplazamiento de los valores
que procura salvaguardar.

Según Weber, la modernidad occidental se reconoce por la coexisten-
cia siempre conflictiva de diversas esferas de valor, pluralismo teleológico
de sentido inverso al de la unidad fundada por la religión[10]. El destino de
la batalla que libran entre sí los distintos sistemas de valores está atado a la
desmitificación de los antiguos dioses, a su conversión en poderes impersonales dominadores de la vida individual y colectiva. De ese politeísmo,
de esa lucha imperecedera, del áspero conflicto sin término posible procede la contextura del mundo moderno, donde

> algo puede ser sagrado, aunque no sea bello, sino *porque* no lo es y *en
> la medida* en que no lo es [...], algo puede ser bello, no sólo aunque no sea
> bueno, sino justamente por aquello por lo que no lo es (Weber, 1998a: 217-
> 218; énfasis del autor).

Esa descripción configura el objeto de estudio de las ciencias sociales
y, simultáneamente, traza el horizonte del individuo moderno. La multiplicidad de puntos de vista no solo indica una específica racionalización
de carácter práctico[11] que da forma a las distintas esferas, sino la preten-

---

[10] Dice Oakes que las esferas de valor «no admiten la posibilidad de un valor fundamental
desde el cual puedan derivarse todas las posiciones valorativas o una sola esfera de valor que
subordine a las demás. La imposibilidad de una jerarquía de esferas de valor es consecuencia
de su tesis de que la posición de valor es invariablemente una toma de partido [...] Toda
posición valorativa presupone la pluralidad de valores y de axiomas en conflicto» (Oakes,
2003: 29-30).

[11] Para una exposición pormenorizada acerca del problema de la racionalización, su naturaleza
y sus consecuencias, véase Kalberg (2005).

sión de otorgar sentido a la realidad en función de los intereses humanos (Weber, 1983). En ese contexto, el predominio de la causalidad natural instituida por la ciencia da paso a una racionalidad de carácter propio que, sobre la premisa de la honestidad intelectual, busca erigirse como el modo más racional de entender el mundo. Para todos los efectos, la aristocracia del intelecto se iguala a la de cualquier élite en búsqueda del monopolio de la posesión de la verdad. De ese modo, al enviar al mundo de la pura irracionalidad las ideas acerca de divinidades trascendentes y su poder salvador, la ciencia entabla un conflicto con la religión; pero también compite con todas las esferas que, de un modo u otro, delimitan su propia racionalidad en términos de fraternidad universal. Así como la ciencia contribuye al desencantamiento del mundo a través de la formulación de leyes generales del acaecer, de forma tal que todo puede ser sometido a la lógica experimental, ese mundo es objeto del vaciamiento de sus connotaciones míticas: se carga de contenidos intelectuales y racionales, mientras expulsa los valores últimos «al reino ultraterreno de la vida mística, o bien a la fraternidad de las relaciones inmediatas de los individuos entre sí» (Weber, 1998a: 231). Luego, la esfera pública es el ámbito donde se expresan intereses irreconciliables que dan lugar a una configuración contingente resultante de los encuentros, acomodamientos y pugnas entre las estrategias desarrolladas por las partes, las que por definición son independientes y generalmente contrastantes (Poggi, 2006). Los arreglos institucionales son circunstanciales y requieren de continuas reelaboraciones, sobre todo porque el orden social, de por sí inestable, demanda cierto monto de legitimidad, un proceso cargado de incertidumbre.

Nacida del desencanto del mundo y de la secularización de la historia, la ciencia contribuye a perfilar la modernidad establecida sobre la autonomía de esferas de valor, cada una con su racionalidad específica y siempre en tensión entre ellas, lo que funda un conflicto «absoluto y *objetivamente ineluctable*» (Bruun, 2008: 102; énfasis del autor) que no se constituye en términos jerárquicos sino heterárquicos (Schluchter, 2014); es decir, la relación entre elementos ordenados por fuera de escalas de rango, de modo que ninguno posee más importancia que cualquier otro y la integración entre ellos jamás se completa absolutamente.

En el marco de la indeterminación, y así como las grandes religiones necesitaron elaborar argumentaciones para explicar la distancia entre mérito y destino, o en otras palabras, para justificar por qué a los buenos les va mal y a los malos les va bien[12], así también las distintas y particulares valoraciones que se multiplican al ritmo de la complejización, instauran discursos positivos y negativos acerca del poder[13]. Un poder cuyo significado deviene de la existencia de intereses materiales e ideales que –como carriles– orientan la conducta de los hombres[14]. Cargada con un fuerte sentido del servicio, la ciencia no consiste en la producción de conocimiento técnicamente útil, sino en una contribución para que las personas puedan poner en claro el oscuro espacio que media entre la convicción y la responsabilidad, entre lo que se quiere y lo que se puede (Hennis, 1999). Con ello, también contribuye a reforzar el conflicto, pues nunca podrá dirimir ni desalojar con sus propias herramientas la persistente lucha de valores.

Desde el ángulo de mira de Max Weber, el horizonte de la modernidad se aleja cuanto más nos acercamos: constituye un mundo atravesado por la pérdida definitiva de la unidad. Cuando la religión ve decrecer su centralidad, cuando el núcleo unificador estalla en mil pedazos, las esquirlas fundan esferas de valor que, una vez engendradas, imposibilitan otorgar a la historia una dirección unívoca, y menos aun, un significado homogéneo, uniforme e invariable. Se ha dicho que Weber insiste en mantener el futuro como historia, un proceso abierto a la voluntad y a la determinación humanas (Piedras Monroy, 2004) desprovisto de las «ilusiones ópticas» que nos hacen creer que la economía y la política se imponen desde lo alto, o bien desde abajo. En el primer sentido, se corre el riesgo de convertirse en apologistas de los intereses estatales; en el segundo, se tropieza con la dificultad de transformarse en defensores de las clases en ascenso por el solo hecho de su avance y de su supuesta categoría superior (Weber, 1982c). Para extirpar el conflicto del corazón de la vida moderna, solo cabría volver a la pródiga confianza de la época de la Ilustración,

---

[12] El concepto de teodicea surge en el contexto de las religiones de salvación «que elaboran un mito de redención, es decir, una consideración al menos relativamente racional del mundo explicativa del sufrimiento, de la desgracia individual o colectiva» (Ruano de la Fuente, 2008: 168).

[13] «La filosofía y la teología denominaron a esos discursos "teodiceas". La sociología los ha llamado a veces "sociodiceas" o simplemente ideologías, en el sentido clásico que el marxismo le dio a esta expresión. Las teodiceas explican el mal para exculpar a la divinidad; las sociodiceas, al poder» (Fidanza, 2008; énfasis del autor).

[14] La metáfora ferroviaria empleada por Weber puede leerse en el ensayo introductorio a «La ética económica de las religiones universales», incluido en el primer volumen de los *Ensayos sobre sociología de la religión* (1983: 204).

según la cual la "razón" del individuo, siempre que se le conceda vía libre, conducirá al mejor mundo posible en virtud de la Divina Providencia y a causa de que el individuo es el que mejor conoce sus propios intereses (Weber, 1984: 937; énfasis del autor).

Conflicto de clases

Asentado en la tenacidad del conflicto cultural, el conflicto social adquiere rasgos propios. Para comprenderlo, es preciso revisar la conceptualización acerca de las clases, pues así como Weber descree de las teorías universales de la historia, así también rechaza la concepción que reposa en el predominio causal de las relaciones económicas (Giddens, 1988). La primera versión de su teoría de la estratificación incluida en *Economía y Sociedad*, comprende la clase, el estamento y el partido, nociones conceptualmente diferentes, aunque mutuamente influyentes en el nivel empírico. Por medio de ese esquema, explora la distribución del poder en la comunidad, pero no solo del poder económico sino de «cualquier otro» (Weber, 1984: 682), ya que la persecución del poder económico no se relaciona necesariamente con el enriquecimiento material, sino que puede afirmarse en la obtención del «"honor social" que produce» (Weber, 1984: 683). Completa el cuadro con algunas aclaraciones que merecen atención, sobre todo cuando afirma que el poder económico no es equivalente al poder en general, y que no todo poder conlleva honor social, a lo que añade que, inversamente, el prestigio social frecuentemente se constituye en base al poder económico. Hechas esas puntualizaciones, y para no dejar lugar a dudas respecto de la idea según la cual el Estado sanciona la estructura de clases, indica que si bien el orden jurídico garantiza el poder económico y el honor social, ese respaldo no es su causa primordial: es solo «un suplemento que aumenta las probabilidades de su posesión, sin que siempre pueda asegurarla» (Weber, 1984: 683). Del conjunto de dichas precisiones, deriva el orden social: se trata de un concepto relativo a la distribución del honor que guarda relación con el orden jurídico, justamente porque es objeto de sus condicionamientos y, recíprocamente, repercute sobre él. Por tanto, poder económico y poder social no son asimilables, pues mientras el primero da cuenta de la distribución o privación de bienes y servicios, así como del modo en que esa disposición se aplica a la obtención de rentas o ingresos, el segundo hace referencia a quienes ambicionan prestigio social (Weber, 1984).

Es conocida la diferenciación que realiza entre clase propietaria –cuya situación se define por la probabilidad de proveerse de bienes, obtener una posición externa y un destino personal–, clase lucrativa –caracterizada por el valor que adquieren en el mercado los bienes y servicios de los que se dispone– y clase social –que reúne los rasgos anteriores, pero cuya nota primordial es su ocurrencia típica a lo largo de las generaciones–. Como se advierte, la clasificación reserva el calificativo de «social» para aquellos grupos que ocupan un lugar que no varía con el tiempo o cuyas alteraciones son mínimas. Ello supone que la propiedad es de por sí mudable, pues su conservación no está asegurada para siempre. A su vez, se puede formar parte de la clase lucrativa, pero a condición de que los bienes y servicios mantengan su valor en el mercado; de lo contrario, la pertenencia a ese colectivo se suspende. Sin embargo, el proletariado (especialmente el de la industria mecanizada), la pequeña burguesía y la *intelligentsia* sin propiedad constituyen clases sociales en el sentido específico del término, dado que sus intereses tienden a homogeneizarse[15]. El proletariado se constituye en clase social al ritmo de la autonomización del trabajo; los intelectuales y los expertos profesionales se separan unos de otros al vaivén del costo de la educación, diferencias que sociológicamente evidencian que una clase no es una comunidad de intereses, aunque representa «bases posibles (y frecuentes) de una acción comunitaria» (Weber, 1984: 683). Para constituirse en comunidad, el agregado de individuos debería relacionarse de modo tal que las acciones sociales dieran lugar a actitudes inspiradas «en el *sentimiento* subjetivo (afectivo o tradicional) de los partícipes de *constituir un todo*» (Weber, 1984: 33; énfasis del autor). Sin embargo, en la sociedad moderna las relaciones sociales tienden a fundar acciones inspiradas «en una *compensación* de intereses por motivos racionales (de fines o de valores) o también en una *unión* de intereses con igual motivación» (Weber, 1984: 33; énfasis del autor). Así, la posibilidad de que una clase cobre la forma de comunidad reposa, por un lado, en «la creencia en la *propia* vinculación» (Weber, 1984: 33; énfasis del autor), en cuyo caso las acciones se ajustan a valores; por el otro, en «la expectativa de la lealtad de la *otra* parte», situación en la que prevalecen acciones racionales según fines. En virtud de que tanto creencias cono lealtades se interponen en el proceso de constitución de una comunidad

---

[15] Al respecto, advierte que el proletariado de su época no logró identificar al verdadero enemigo: los accionistas, quienes eran los que en realidad percibían ingresos sin trabajo (Weber, 1984).

de clase, Weber se inclina por una definición de clase social que subraya el componente causal común, esto es, sus probabilidades de vida vinculadas a los intereses lucrativos y de usufructo de bienes; todo ello en las condiciones que fija el mercado de bienes y trabajo, un ámbito que expresa la distribución del poder de posesión, y cuyo principio rector es la competencia para disfrutar de oportunidades de existencia. Empero, de allí no deriva la lucha de clases: a juicio de Weber, la historia demuestra que quienes poseen propiedad pueden muy bien aliarse con los sectores menos privilegiados[16]. Así que la contradicción de clases tiende a efectivizarse cuando la propiedad se enfrenta al desclasamiento, cuando las acreencias se oponen a las deudas, situaciones que pueden conducir a verdaderas luchas revolucionarias. Con todo, tales pugnas no conllevan forzosamente la transformación de la economía, sino primariamente el acceso a la propiedad y, circunstancialmente, en su mejor distribución (Weber, 1984).

El contraste entre clases propietarias y lucrativas procede de la fusión de dos criterios: el tipo de propiedad que se emplea como medio de pago y la clase de servicios que pueden ofrecerse en el mercado. Su utilización conjunta bosqueja una concepción pluralista de las clases (Giddens, 1983) en la que la propiedad que rinde beneficios en el mercado es altamente variable, además de producir y reproducir numerosos y diversos intereses dentro de la clase dominante. Otro tanto sucede con los carentes de propiedad, ya que las calificaciones negociables que poseen pueden generar intereses contrapuestos. En ciertas situaciones, de las categorías consignadas surgen procesos de asociación, pero como las fronteras entre ellas son lábiles, no necesariamente se verifican. El único caso en que es posible la asociación es entre quienes carecen de propiedad y de calificaciones negociables, razón por la cual se ven «obligados a ganar su vida por su trabajo en ocupaciones inconstantes» (Weber, 1984: 242)[17].

Cuando analiza la concepción marxiana de las clases, Weber advierte que en su obra el problema de la unidad del proletariado, lo mismo que su

---

[16] «La clase fuertemente privilegiada de los propietarios de esclavos, por ejemplo, se encuentra, *sin* contraposiciones de clase al lado de la de los campesinos, mucho menos privilegiada en su sentido positivo, e incluso, frecuentemente, lo mismo con la de los *declassés*, existiendo a veces solidaridad entre ellos (enfrente de los serviles) (Weber, 1984: 243; énfasis del autor).

[17] En el capítulo IV de *Economía y Sociedad*, se encuentra la distinción entre clases propietarias y clases lucrativas positivamente y negativamente privilegiadas; se trata del apartado correspondiente a la segunda redacción de la teoría de la estratificación, de modo que su desarrollo es escueto, aunque detallado en términos definicionales; cfr. Weber, 1984: 242-248.

diferenciación cualitativa, queda inconcluso. En ese sentido, destaca que los obreros semicalificados ganan importancia en detrimento de los calificados e indica que «el tránsito a la pequeña burguesía "independiente" fue en otro tiempo el ideal de todo trabajador. Pero la posibilidad de su realización es cada día más pequeña» (Weber, 1984: 245; énfasis del autor).

Con sustento en los intereses de mercado, y aunque los individuos no sean conscientes de ello, la clase existe objetivamente: es una "clase en sí" que no funda directa e inmediatamente lazos ni conciencia. Los estamentos, en cambio, agrupan a las personas en torno a la posesión –o a la pretensión de poseerlos– de privilegios positivos o negativos en la consideración social. La tenencia de dinero o la condición de empresario no constituyen calificaciones estamentales, pese a que pueden provocarlas. Inversamente, su carencia tampoco implica descalificación estamental, pese a que puede producirla. En síntesis, la sociedad estamental se rige por convenciones ligadas al estilo de vida y al consumo, mientras la sociedad clasista florece sobre la economía de mercado. Así como los estamentos crean comunidades subjetivas en las que los individuos se reconocen como miembros de círculos que tienden al aislamiento, así las clases instituyen sociedades cuya objetividad trasciende a las personas individuales pues se organizan según las relaciones de producción y de adquisición. Por tanto, las clases no son comunidades o clases "para sí", pero constituyen bases posibles y frecuentes de una acción comunitaria. Lo que efectivamente surge sobre el suelo de las comunidades es la situación de clase, pese a que la acción comunitaria que la origina no es llevada a cabo por individuos pertenecientes a una misma clase, sino que se desprende de acciones "entre" miembros de diferentes clases:

> Las acciones comunitarias que [...] determinan de un modo inmediato la situación de clase de los trabajadores y de los empresarios son las siguientes: el mercado de trabajo, el mercado de bienes y la "explotación" capitalista (Weber, 1984: 686; énfasis del autor).

En cualquier caso, la noción de clase indica las probabilidades que condicionan el destino de los individuos en el mercado; en contraste, la situación de clase alude a la posición ocupada en ese contexto. Probabilidades y posiciones dan forma a la idea según la cual

> una pluralidad de hombres cuyo destino no esté determinado por las probabilidades de valorizar en el mercado sus bienes o su trabajo –como

ocurre, por ejemplo, con los esclavos– no constituye, en el sentido técnico, una "clase" (sino un "estamento") (Weber, 1984: 684; énfasis del autor).

En pocas palabras, y aun cuando en algunas ocasiones Weber emplea el modelo dicotómico, su análisis se ajusta a la variedad de poderes que coexisten en la sociedad. El mercado y el orden económico son el soporte de las clases; el espacio de reparto del honor es la base sobre la que ganan terreno los estamentos, y la amalgama entre orden económico y orden social constituye el ámbito que, junto con el poder político, trazan los contornos en que accionan los partidos. En el escenario del capitalismo, los partidos no son puramente clasistas o solo estamentales: su estructura suele ser muy diversa en razón de que la acción comunitaria sobre la que pretenden influir también lo es. En realidad, sociológicamente dependen de la estructura de dominación que predomina en la comunidad y su objetivo principal no siempre radica en la configuración de un nuevo orden de dominación, sino en la influencia que pueden llegar a ejercer sobre el ya existente[18].

En la conferencia que pronuncia en 1906 ante el Congreso de Artes y Ciencias celebrado en Estados Unidos de Norteamérica en ocasión de la Exposición Universal de Saint Louis, Weber analiza detalladamente la estructura de clases del mundo rural alemán una vez que ha experimentado la influencia del capitalismo: afirma que «actualmente, en gran parte del mundo civilizado, no existe una sociedad rural separada de la comunidad social urbana» (Weber, 1985: 133) y que el terrateniente –propietario constante del suelo– es la contracara del agricultor, así como el arrendatario de las tierras es un empresario capitalista a cargo de trabajadores estacionales y migratorios y de jornaleros «iguales al resto de los proletarios» (Weber, 1985: 133). Luego de efectuar una comparación entre Alemania y Estados Unidos, señala que el capitalismo desencadena un conflicto no solo económico sino cultural. A medida que crecen las ciudades, «únicas depositarias de la cultura política, social y estética» (Weber, 1985: 141), la cultura rural sufre un proceso de marcada decadencia. Se trata de un conflicto que opone a capitalistas rurales en busca de beneficios empresariales y terratenientes interesados en la conservación de su desvanecido prestigio social. Aun cuando el antiguo terrateniente

---

[18] Una descripción de las principales características de los partidos se encuentra en «Parlamento y gobierno en una Alemania reorganizada. Una crítica política de la burocracia y de los partidos» (Weber, 1991).

prusiano del Este alemán es «un personaje de tipo absolutamente capitalista, valorado de acuerdo con las dimensiones de su hacienda y de sus ingresos» (Weber, 1985: 157), defensor del libre comercio y vehemente opositor del naciente desarrollo industrial, alimenta unas pretensiones aristocráticas que se esfuman cuando queda expuesto a los avatares del mercado interno e internacional; entonces, se vuelve el más entusiasta aliado de la industria, con cuyos representantes se une en contra de las demandas de los trabajadores. El ejemplo evidencia la combinación entre avidez por el prestigio social e intereses materiales, la estilización de un estrato de empresarios capitalistas en aristócratas advenedizos cargados de aires y pretensiones correspondientes a otros grupos.

En síntesis, el análisis weberiano deja al descubierto tanto la complejidad del proceso de formación de las clases, como la variedad de fuentes de las que surgen las alianzas entre agrupamientos, al igual que el carácter fluido de los acuerdos.

Lo colectivo en el centro de la historia

Sobre esos cimientos, el capitalismo instituye un espacio que anonimiza las relaciones sociales, no hace acepción de personas y obra sobre ellas a través del dominio de intereses materiales que «nada saben del "honor"» (Weber, 1984: 691; énfasis del autor). Cuando en 1904 da a conocer los propósitos del *Archivo de Ciencia Social y Política Social*, Weber afirma que los colaboradores de la revista

> tenían por meta la defensa de la salud física de las masas laboriosas y su creciente participación en los bienes materiales y espirituales de nuestra cultura (y) defendían para el presente el desarrollo capitalista (...) porque lo consideraban inevitable en la práctica y pensaban que el intento de llevar una lucha fundamental en contra de él significaría, no el mejoramiento, sino un obstáculo al ascenso de la clase obrera hacia las luces de la cultura (Weber, 1982a: 51).

Quedan a la vista la inevitabilidad del capitalismo —en cuanto fuerza histórica, económica y cultural— y el problema de la situación de los trabajadores en la trama de las relaciones capitalistas de producción. En los ensayos de 1908 y 1909 compilados en el texto conocido como *Sociología del Trabajo Industrial* (1994), Weber indaga la clase de individuo que origina el capitalismo según sus propios condicionamientos y requisitos; avanza hacia el tipo de obrero que selecciona la moderna industria y el proceso de adaptación que sobrellevan quienes migran desde ambientes diversos. En ese estudio, no solo se interesa por la dimensión cualitativa de la conducta humana, sino por los efectos de la gran industria sobre la civilización y la cultura[19].

Frente a ello, el conflicto se establece entre individuos y grupos portadores de proyectos, juicios y preferencias que, en determinadas circunstancias, colisionan con los de otros actores y otros colectivos. A la vez, en ciertas situaciones puede suceder que los intereses se aproximen y resulten en la coordinación y el acoplamiento de acciones encaminadas a alcanzar objetivos comunes. También, puede pasar que el conflicto desemboque en una situación no conflictiva, pese a que casi siempre ese escenario es frágil e inestable, fluctuante y eventual. Finalmente, si los actores comparten perspectivas y se comprometen a actuar en común, «suele ocurrir que su acuerdo y su actuación colectiva se deba precisamente al conflicto que mantienen con otros sujetos que actúan colectivamente para defender intereses opuestos a los suyos» (Poggi, 2006: 55-56).

Si bien los intereses materiales no son la única fuente de conflicto, las ideas tampoco detentan en exclusividad el monopolio de la forma que adquiere la vida social. Desde luego, la historia da acabadas muestras de la inevitabilidad de la lucha la que, según las circunstancias, emplea medios pacíficos o violentos para imponerse (Weber, 1984). Por más que cobre la forma de competencia regulada, reglamentada por un orden determinado, siempre existe la posibilidad de que se intercale el azar o la fortuna. En último término, el triunfo de quienes quieren implantar su voluntad depende en gran medida de sus condiciones personales para hacerlo, cualidades que abarcan

> la fuerza física o la astucia sin escrúpulos [...], la intensidad en el rendimiento espiritual o meros pulmones y técnica demagógica [...], la devoción por los jefes o el halago de las masas [...], la originalidad creadora o la facilidad de adaptación social [...], cualidades extraordinarias o cualidades mediocres» (Weber, 1984: 31).

---

[19] La encuesta es planeada por la Asociación de Política Social, una organización compuesta por los denominados "socialistas de cátedra".

Entre todas las estrategias posibles, predominan las que poseen más probabilidades de ajustarse a las condiciones de la lucha misma, aunque también dependen del tipo de orden de dominación al que se dirigen (tradicional, racional con arreglo a valores, racional según fines).

En efecto, si el conflicto de clases motoriza revoluciones solo en aquellos escenarios en que el enfrentamiento entre propiedad y desclasamiento, o entre deudores y acreedores, alcanza un punto crítico, es el orden en vigencia el que estipula las formas de dominación y autoridad frente a las cuales se alza la voluntad de cambio. Ello supone la crítica de las razones últimas, basadas en derecho, que configuran la relación entre gobernantes y gobernados y el cuestionamiento de aquello que hace posible que a unos se les conceda el derecho a gobernar y a otros el deber de obedecer.

Como bien señala Wallerstein (1999), en la saga del pensamiento clásico, Weber introduce la idea de un delicado contrapeso entre fundamentos y garantías del orden: los primeros son cuestiones que conciernen a quienes ejercen el mando y los segundos son competencia de quienes adhieren a un orden de dominación (Weber, 1984). Desde luego, las fuentes de la obediencia son numerosas y constituyen un arco en cuyos extremos se sitúa la pura convicción y el simple interés. Se puede adherir a un orden porque se comparten los principios que lo fundamentan, pero también por las ventajas materiales o ideales que comporta. En cierto modo, el orden al que Weber se refiere no alude a ninguna estabilidad sustantiva que pueda fundar totalidad, pues el clima cultural moderno es sede de un politeísmo valorativo cuyos dioses y demonios, cargados de significados heterogéneos, libran entre sí una batalla eterna[20]. Si a ello se le añade el predominio del cálculo instrumental propio de la sociedad occidental, el conflicto político queda fuertemente condicionado por la resistencia que opone la racionalidad. No solo deben vencerse los obstáculos de la conveniencia y la calculabilidad, sino también los límites que imponen las esferas especializadas con su consecuencia de fragmentación social.

Con la aparición de las masas en la escena social, la correlativa multiplicación de las demandas y la complejización de los modos de satisfacerlas, el orden social capitalista refuerza sus dos rasgos distintivos: por un lado, el progresivo aumento de la burocratización, proceso que

---

[20] Véase la conferencia «La ciencia como vocación» (1998).

engloba la formación de un estamento administrativo formal y desinteresado, que no toma partido *a priori* ni ante los sujetos ni ante el Estado, y cuya orientación se erige en torno a reglas abstractas que también rigen la actuación de las asociaciones políticas e influyen en todos los ámbitos de vida; por el otro, el robustecimiento del mercado, donde se lleva a cabo la búsqueda de utilidades a través de un cálculo minucioso y continuo que organiza la distribución del poder de disposición sobre bienes y servicios. En un movimiento de mutuo reforzamiento, la burocracia potencia al mercado y el mercado a la burocracia, en razón de la fuerza con que la burocracia impone sus procedimientos a todas las áreas de la vida social (Weber, 1984). Por ende, las propiedades del capitalismo conforman un orden de dominación en el que predominan constelaciones de intereses típicamente monopólicos, combinadas con una autoridad que emana de la naturaleza de la dominación que se ejerce. Luego, como ya se indicó, la mayor importancia radica en lo asociativo, un plano cuya racionalidad resulta más adecuada para afrontar agitaciones o excesos, aun cuando venga unido a efectivos menoscabos de la existencia individual[21] .

En suma, para Weber el capitalismo no es un fenómeno natural, pero tampoco un acontecimiento puramente económico. Revoluciona las relaciones sobre la base de dos principios aparentemente contradictorios: por un lado, el *ethos* del trabajo y la ganancia como fines en sí mismos; por otro, la prohibición radical de disfrutar de los bienes materiales. Ambos rasgos, de por sí irracionales, instauran una racionalidad calculadora que, una vez vaciada de contenido ético, dispara el proceso de autonomización de los objetos dando paso a algo que podría homologarse al consumismo. La clasificación del conflicto en categorías separadas, entonces, no es más que un recurso metodológico a los fines de identificar los nudos conceptuales que le dan origen. Tanto la lucha de clases como la lucha política son siempre, aunque no únicamente, disputas de orden cultural-valorativo en las que se dirimen concepciones del mundo y formas alternativas de otorgarle sentido.

No obstante, la cultura no constituye el aspecto privilegiado, sino solo uno de los modos posibles y relevantes de interpretar el conflicto

---

[21] El avance de la burocratización supone hacerse cargo de que el capitalismo es «espíritu congelado», una máquina cuyo poder somete a los individuos y determina su vida cotidiana y su trabajo. Constituye una «máquina muerta [que] se ha puesto a la obra de tejer el armazón de ese tipo de servidumbre del futuro en que un día quizá se verán obligados a entrar, impotentes, los hombres» (Weber, 1991: 144).

moderno. Si la ciencia social se enrola detrás de alguna de las cosmovisiones existentes, es porque simultáneamente toma partido por un valor al que atribuye superioridad explicativa. Y eso –según la visión weberiana– no es de por sí censurable, pero en términos de honradez intelectual debería acompañarse de una declaración acerca de los significados y alcances de la vía escogida. En esa línea, la ciencia social no es una actividad despolitizada, no se reduce a un discurso cientificista ni se procesa al margen de la historia. El presupuesto del pluricausalismo habilita múltiples explicaciones; entre ellas, la cultural, con la salvedad de no atribuirle el ser la causa excluyente de los procesos sociales e históricos. Como es obvio, estas reflexiones deben situarse en el ambiente intelectual alemán de principios del siglo xx, cuando lo que estaba en disputa era el estatuto de las ciencias sociales, particularmente su autonomía respecto de la filosofía. Pero no de toda filosofía, sino de aquella que la ponía al servicio de la fuerza y el poder político. El movimiento del que Weber forma parte se plantea entre otros muchos propósitos arrancarla de las manos de Estado, quitarle el contenido de cultura nacional y de herramienta de consagración del Estado feudal. A la vez, se empeña en distinguir razón de política, conceptos mezclados en el discurso ideológico de los dirigentes prusianos y ligados al apareamiento entre la voluntad y la verdad. La neutralidad científica, entonces, antes que un problema metodológico o epistemológico, es una cuestión política indisolublemente atada a la responsabilidad y a la crítica antiestatal.

A diferencia del enfoque marxiano, la intención de promocionar a la burguesía al liderazgo político, trae aparejada una concepción del Estado que pierde el carácter de instrumento al servicio de un determinado sector social. Por tratarse de un armazón cuyos contenidos son fijados por el ideario de los dirigentes puestos a la cabeza de la política estatal, y como para Weber ninguno puede prescindir del formato burocrático –el más apropiado para administrar sociedades numerosas y altamente diferenciadas– este resulta en el recurso necesario de los dominantes, sea cual sea la ideología que los alienta. Se ha dicho que Weber «indaga la "anatomía" del capitalismo en clave de política-gobierno, intenta precisar los contornos que puede asumir una dirección burocrático-racional en una fase histórica de amplia socialización *en* el Estado» (Cervantes Jáuregui y Danel, 1984: 18; énfasis de los autores). Sus ideas, ciertamente, inauguran un área fructífera de reflexión sobre el capitalismo y la modernidad[22] inscripta en la racionalización de las relaciones sociales, proceso que desmantela los aspectos comunitarios anteriores. Dada la fortaleza de la burocracia para hacer frente a las complejidades modernas, las sociedades tendientes a la industrialización quedan amarradas a su imperiosa determinación.

Por eso, las cosas no son fáciles para quien pretende influir en la política, ya que más temprano que tarde, los dispositivos burocráticos desafían sus cualidades. Aun cuando la política es el medio por excelencia para llevar a cabo el cambio social, demanda del dirigente una sólida aptitud para accionar en un campo plagado de intereses desiguales: «Antes que neutralizar los conflictos, [...], Weber pensaba que una actitud responsable pasaba por definirlos y asumirlos, luchando por ellos con responsabilidad» (Villacañas Berlanga, 2005: 132). Aunque la rutinización del carisma y la fatalidad de la burocracia son hechos irreducibles que oponen barreras a cualquier intento revolucionario, el último refugio del que dispone la modernidad para preservar lo humano de la humanidad es la política, diligencia que no supone la supresión de intereses y de valores sustantivos. En cuanto factor crucial para mitigar la interminable serie de expropiaciones capitalistas –no solo la de los trabajadores, sino la de los funcionarios, los académicos y los dirigentes partidarios– la política, incluso en condiciones de creciente complejidad, sigue siendo para Weber una actividad plena de significado que logra resultados asequibles solo si proyecta lo anhelado (Weber, 1998b: 179).

Puede ocurrir, entonces, que de esa voluntad surjan prácticas de moderación de lo estrictamente objetivo (Weber, 1983)[23], un esfuerzo inverso a la labor de la ciencia, a su concentración en el mundo empírico, a su inhabilidad de adivinar y anticipar el futuro.

---

[22] Al respecto, algunos analistas consideran que «lo que Weber planteaba era la conciencia sobre la necesidad de un replanteo de las formas de hegemonía burguesa, a partir de la crisis irrecuperable de la relación entre estado y sociedad civil tal como la había planteado el liberalismo». Precisamente, la reestructuración capitalista de los años veinte y treinta, le darán la razón (Portantiero, 1987: 15).

[23] Como afirma Ringer, el tono pesimista de los escritos weberianos «no debe interpretarse como resignación» (2002: 383).

Bibliografía

Beetham, D. (1979). *Max Weber y la Teoría Política Moderna*, Madrid: Centro de Estudios Constitucionales.

Bruun, H. (2008). «Objectivity, value spheres and "Inherent Laws": one some suggestive isomorphism between Weber, Bourdieu and Luhmann», en *Philosophy of the Social Sciences*, volumen 38.

Cervantes Jáuregui, L. y F. Danel (1984). «¿Por qué Weber?», en *Política y des-ilusión (Lecturas sobre Weber)*, Galván Díaz F. y L. Cervantes Jáuregui (compiladores), Universidad Autónoma Metropolitana, Unidad Azcapotzalco, México.

Fidanza, E. (2008). «Job, nuestro contemporáneo», en *La Nación*, 27 de febrero, disponible en http://www.lanacion.com.ar/opinion/nota.asp?nota_id=990744

Giddens, A. (1988). *El capitalismo y la moderna teoría social*, Barcelona: Editorial Labor.

----------------------- (1983). *La estructura de clases en las sociedades avanzadas*, Madrid: Alianza Editorial.

Hennis, W. (1990). «Estar libre de valores como un precepto de distanciamiento», en *Arbor* N.º 539-540, tomo CXXXVII, noviembre-diciembre, Madrid.

Kalberg, S. (2005). «Los tipos de racionalidad de Max Weber. Piedras angulares para el análisis de los procesos de racionalización en la historia», en *Sociedad y Religión. Un siglo de controversias en torno a la noción weberiana de racionalización*, Aronson P. y E. Weisz (compiladores), Buenos Aires: Prometeo.

Oakes, G. (2003). «Max Weber on Value Rationality and Value Spheres», en *Journal of Classical Sociology (JCS)*, volumen 3, N.º 1, Londres: Sage Publications, disponible en www.sagepublications.com

Piedras Monroy, P. (2004). *Max Weber y la crisis de las ciencias sociales*, Madrid: Akal Ediciones.

Poggi, G. (2006). *Weber*, Madrid: Alianza Editorial.

Portantiero, J. C. (1984). *Los usos de Gramsci*, México: Folios Ediciones.

Ringer, F. (2002). «Max Weber´s Liberalism», en *Central European History*, volumen 35, N.º 03, disponible en http://dx.doi.org/10.1163/15691610260426506

Ruano de la Fuente, Y. (2008). «Sobre excesos, olvidos y perversiones de la razón», en *Occidente: razón y mal*, Muguerza, J. y Y. Ruano de la Fuente (editores), Madrid: Fundación BBVA.

Schluchter, W. (2014). *O desencantamento do mundo. Seis estudos sobre Max Weber*, Río de Janeiro: Editora UFRJ.

Villacañas Berlanga, J. L. (2005). «Max Weber entre liberalismo y republicanismo», en *Isegoría*, Revista de filosofía y moral política, N.º 33, Instituto de Filosofía, CSIC; disponible en   isegoria.revistas.csic.es/index.php/isegoria/article/viewFile/421/422

Wallerstein, I. (1999). *El legado de la sociología, la promesa de la ciencia social*, Briceño León R. y H. Sonntag (editores), Caracas: Editorial Nueva Sociedad.

Weber, M. (1982a). «La "objetividad" cognoscitiva de la ciencia social y de la política social», en *Ensayos de metodología sociológica*, Buenos Aires: Amorrortu Editores.

--------------- (1982b). «El sentido de la "neutralidad valorativa" de las ciencias sociológicas y económicas», en *Ensayos sobre Metodología Sociológica*, Buenos Aires: Amorrortu Editores.

--------------- (1982c). «El Estado nacional y la política económica alemana», en *Escritos Políticos*, volumen I, México: Folios Ediciones; edición a cargo de José Aricó.

--------------- (1983), «La ética económica de las religiones universales. Ensayos de Sociología comparada de la religión», en *Ensayos sobre sociología de la religión*, Madrid: Taurus.

--------------- (1984). *Economía y Sociedad. Esbozo de sociología comprensiva*, México: Fondo de Cultura Económica.

--------------- (1991). «Parlamento y gobierno en una Alemania reorganizada. Una crítica política de la burocracia y de los partidos», en *Escritos Políticos*, Madrid: Alianza Editorial.

--------------- (1994). *Sociología del trabajo industrial*, Madrid: Trotta.

--------------- (1998a). «La ciencia como vocación», en *El político y el Científico*, Madrid: Alianza Editorial.

--------------- (1998b). «La política como vocación», en *El político y el científico*, Madrid: Alianza Editorial.

Nación y Estado en el capitalismo moderno

En 1964, hace exactamente cincuenta y un años, Raymond Aron afirmaba ante los asistentes al XV Congreso de Sociología, efectuado en Heidelberg, que las reflexiones políticas weberianas no versaban sobre un pasado definitivamente sepultado, puesto que «la comunidad europea se ha convertido hasta tal extremo en nuestra experiencia común, que la reflexión sobre el nacionalisrno (o los nacionalismos de ayer) y sobre la *Machtpolitik* es tarea de todos nosotros, sociólogos y ciudadanos» (Aron, 1981: 36). En esa época, tanto como ahora, la política del poder alude a la competencia entre Estados, así como a la que tiene lugar en el seno mismo de los Estados. En ambos casos, la lucha y la dominación constituyen una constante que indica el enfrentamiento entre naciones, clases e individuos.

Para Schluchter, el conjunto de las ideas políticas weberianas forma parte de la tradición nacional-liberal propia del período que sigue a la caída de Bismarck:

> su defensa de una liberalización de la sociedad alemana iba unida a un nacionalismo apasionado que hacia 1880 se asociaba al reconocimiento de una decidida política alemana a nivel internacional. Dentro del ámbito de la política alemana de su época, cabe calificar a Max Weber como representante de aquel imperialismo cultural que se puso de moda desde finales de los años noventa en los círculos intelectuales alemanes y, especialmente entre los catedráticos (Schluchter, 1981: 11).

El decidido nacionalismo –asentado en una política internacional lo suficientemente sólida como para no flaquear ante la guerra– establece con el liberalismo una relación contradictoria; sin embargo, el imperialismo puede interpretarse como la voluntad de restar supremacía a la aristocracia prusiana y favorecer la liberalización del sistema político: un punto de vista táctico que posibilita la combinación de ambas ideas. Con todo, «Weber [es] un imperialista por convicción» (Schluchter, 1981: 14), particularmente porque considera que Alemania merece defender, y hasta disputar, con otras potencias europeas el predominio de su propia cultura.

Como es característico de su pensamiento, la concepción de la política también contiene antinomias y conjunciones. En este caso, ¿cómo se formaliza analíticamente la tensión entre sistemas tan diversos? Un modo de responder a la pregunta consiste en observar los vínculos entre

nación y Estado en dos períodos históricos concretos: antes de la Primera
Guerra Mundial, cuando Weber se concentra en los dilemas a vencer para
alcanzar la grandeza de Alemania; y después de la derrota, cuando sus
preocupaciones se ajustan a la amenaza de descomposición política ulterior a la caída del imperio y al temor ante la posibilidad de una revolución
de inspiración soviética. Empero, en ambos, sigue presente el empeño por
intervenir en el proceso de construcción institucional.

La "Comunidad" Política Nacional

Cuando en 1895 Weber asegura que para sostener el germanismo
Alemania debe responder a dos exigencias cruciales, cerrar la frontera
oriental para impedir el aluvión migratorio de obreros agrícolas polacos
y sobreponerse a los intereses de clase en pos de la defensa de la nación,
exterioriza una manifiesta irritación por el comportamiento irrespon-
sable de los terratenientes. Su disgusto lo lleva a afirmar que «grandes
haciendas que sólo pueden ser mantenidas en pie a costa del perjuicio
del germanismo merecen, desde el punto de vista nacional, hundirse en
la ruina» (Weber, 1982a: 14). La pauta irrebatible de su argumento consiste en que la política económica debe subordinarse al valor nacional y
que, para no dejar de ser alemana, tiene que amoldarse a la lucha por la
afirmación de la propia cultura; una concepción referida al cometido de
la nación que descansa en la idea de que ningún desarrollo económico,
por más éxitos que logre, puede servir a la salvaguarda y la elevación
del carácter nacional. En 1905, a propósito de la crítica contra el "organicismo" de Roscher, Weber se pronuncia por una interpretación de la
economía pública inseparablemente conectada con la totalidad de la vida
cultural (Weber, 1985). Esa supeditación de la economía a la política se
corresponde con la sujeción de los hombres a los intereses nacionales, lo
que configura una doble trabazón que concibe la nación como una comunidad que reclama de sus miembros un compromiso que los enfrenta nada
menos que con «la seriedad de la muerte [...] con el fin de proteger eventualmente los intereses de la comunidad» (Weber, 1984: 662).

Quince años más tarde, afirma que la nación reposa en el apasiona-
miento producido por sugestión emotiva; hace aquí referencia a una
clase de entusiasmo que no se origina en intereses económicos, sino
en sentimientos de comunidad y solidaridad (Weber, 1984). Incluso, al
observar que los contenidos específicos de la nacionalidad varían según

las condiciones de su origen y las consecuencias que producen sobre la acción comunitaria, no deja de resaltar que lo nacional es un tipo especial de *pathos*, un sentimiento firmemente vinculado al logro de una organización política propia para alcanzar poderío político. Así delineada, dicha pretensión persigue un poder de carácter abstracto, puesto que solo relaciona a la comunidad con el "orgullo de poderío"; y este sentimiento trasciende sus peculiaridades, sean lingüísticas, religiosas, étnicas o de otro tipo. Así, la nación no es equivalente al pueblo, el idioma, el sistema de creencias compartidas ni a ningún otro principio empírico que pueda atribuírsele. La exclusiva referencia de la nación es el poder, y no alguna especie de «entidad real y unitaria de carácter metafísico» (Weber, 1985: 13) como podría ser, por ejemplo, el "espíritu del pueblo". Tal como la piensa, la nación es fundamentalmente el ámbito de predominio de los intereses generales por sobre los particularismos. Al estar los individuos unidos a través de sentimientos subjetivos, la comunidad nacional se constituye como amalgama que aglutina por pertenencia y voluntad de unidad y soberanía.

Al exigir la nación la entrega a intereses superiores, por eso mismo de carácter abstracto, el asentimiento se encarna en una persona o una institución concretas. En el primer caso, el caudillo carismático representa las valoraciones perseguidas por el conjunto de la comunidad, razón por la cual la entrega emotiva hacia su figura refuerza al mismo tiempo el carisma de la nación y el del dirigente. La relación entre ambos denota la coincidencia de las cualidades extraordinarias del jefe con los fines supremos de la comunidad nacional. Puesto que la lucha con otras naciones por la afirmación de la propia cultura exige la presencia de alguien capaz de entender la pugna económica como lucha de dominio, esa personalidad debe anteponer los intereses nacionales a cualquier otro asunto particular, sea de los estados o de las clases. En ese sentido, el vínculo entre liderazgo y nación conecta al portador del carisma con los sentimientos comunitarios de nacionalidad, de donde deriva una tendencia a la autoridad personal que resulta eficaz para discernir y realizar los altos objetivos de la comunidad nacional. Si la adhesión se manifiesta en una institución, es porque las aspiraciones y las tareas de la nación se estructuran en torno a un «frío problema de carácter técnico-estatal» (Weber, 1982: 254), una dirección que la nación toma para articular la pertenencia con los intereses en pos de su autonomía.

Finalizada la guerra, sus preocupaciones se concentran en la elaboración de un esquema de gobernabilidad que vincule el sistema político, el capitalismo, la democracia y los reclamos de las masas. Es entonces cuando Weber introduce el parlamentarismo y el sufragio universal, una combinación que no opaca la prioridad concedida a la nación, hasta el punto de afirmar que «los intereses existenciales de la nación están, lógicamente, por encima de la democracia y el parlamentarismo» (Weber, 1991: 109).

La "Asociación" Política Estatal

En contraste con la nación –donde se expresan los postulados de valor sobre los que reposa su grandeza y dignidad–, el Estado es la esfera en la que se combinan los intereses racionales, agregación que origina instituciones organizadas cuya finalidad radica en proveer a la comunidad de procedimientos políticos para que dicha articulación se concrete. A diferencia de la relación comunitaria que da forma a la nación, el Estado es una relación de dominio[24] cuyo rasgo primordial consiste en la exclusividad de reclamar para sí el monopolio legítimo de la coacción física[25]. Definido en última instancia por el medio específico que le es propio y no por los fines que persigue o los contenidos de lo que hace, el Estado organiza el dominio terrenal valiéndose de la fuerza, y al hacerlo, elimina cualquier lazo afectivo entre los hombres. En efecto, según Weber, los Estados no se mantienen unidos por vínculos sentimentales, sino porque pueden regular las relaciones entre los individuos haciendo un uso efectivo de la violencia física o amenazando con usar ese poder. Por eso, afirma que las instituciones políticas plantean a sus participantes exigencias de un tipo tal que «gran parte de éstos solamente han de cumplirlas porque saben que detrás de ellas hay la posibilidad de que se ejerza una coacción física» (Weber, 1984: 662).

Luego, la concentración legítima de la violencia, la organización burocrática del cuadro administrativo, la separación de los funcionarios de los

---

[24] Como toda asociación política, consiste en la dominación de hombres sobre hombres mediada por la obediencia y el acatamiento a la autoridad, ambas sustentadas en la legitimidad otorgada por la tradición, la gracia (carisma) o la legalidad (Weber, 1997).

[25] Al respecto, Weber recupera la célebre afirmación de León Trotsky según la cual todo Estado se funda en la violencia, a lo que añade que si no existiera una asociación capaz de concentrar la coacción física legítima, reinaría la anarquía (Weber, 1997).

medios de administración y el derecho racional refieren en conjunto a una racionalidad formal que se distingue de la racionalidad material propia de la nación.

Sin embargo, considerado como el campo de ajuste entre medios y fines, el Estado no es una entidad siempre idéntica a sí misma; se trata, más bien, de una institución política compleja y diversa que relaciona a la sociedad con el proceso de toma de decisiones burocrático-estatal. Para Weber, el confín de la época moderna es ciertamente el Estado burocrático-racional: no existe otro modo de producir agregados institucionales donde los conflictos adquieran el carácter de compromisos. Según su interpretación, la competencia entre grupos en pugna se desarrolla en el marco del sistema político; y a través de la lucha, se accede al dominio de las estructuras estatales. Así, en el centro de la transformación se halla la política, no el Estado. En tanto mediador entre el activismo de las masas y las instituciones administrativas especializadas, deja el terreno libre para que la sociedad se dé sus propias instituciones políticas.

Pero como los partidos y el parlamento solo prosperan en un marco de disposiciones claras y previsibles y, al mismo tiempo, la burocracia constituye la escala unívoca de la modernización estatal, hacen falta unos jefes partidarios con competencias para proveer a la realización exitosa de todo agrupamiento orientado hacia el control del poder estatal; y, como a la vez, en la cúspide del mando deben desempeñarse aquellos dirigentes que se encuentran en condiciones de fijar los fines colectivos e impedir el desborde burocrático, Weber subraya enfáticamente que «los dos poderes que por sí solos pueden controlar y dirigir las fuerzas en el estado constitucional moderno, después de la burocracia omnímoda [...] son el monarca (o el presidente) y el parlamento» (Weber, 1982b: 90). Ello supone la promoción de figuras políticas dotadas del talento necesario para conducir los destinos de la nación. Es sabido que para Weber el parlamento es el suelo adecuado para su entrenamiento; pero en esta época, la institución que tiene en mente es un parlamento que como el inglés, sea «el campo propicio para aquellos líderes políticos que han logrado someter a una cuarta parte de la humanidad bajo el dominio de una minoría, pequeña pero prudente desde el punto de vista político» (Weber, 1982b: 109).

Si en el Estado moderno «el verdadero dominio no consiste ni en los discursos parlamentarios ni en las proclamas de monarcas sino en el manejo diario de la administración» (Weber, 1982b: 75) y si, además, la gestión estatal se beneficia de la burocracia –dada su superioridad técnica para administrar sociedades masivas–, ¿cómo hacer para que el formato mecanizado del Estado, por otra parte inevitable, no conspire contra la voluntad de poderío? La respuesta se sustenta en el argumento de que así como el cálculo racional constituye una medida de la modernización económica, así también, la progresiva burocratización indica la modernización de la administración estatal. Por tal razón, cuando asimila el Estado a la empresa capitalista, busca resaltar lo que ambos tienen en común: la separación de los trabajadores de los medios de producción y de administración, puesto que mientras la empresa capitalista expropia a los trabajadores de los medios de trabajo, el Estado hace lo mismo al regular la expropiación de los dueños autónomos de los medios de administración, de guerra y organización financiera.

Al proporcionar las condiciones para la creación de instituciones especializadas en la lucha por el poder –partidos encaminados a la búsqueda de poder político para sus miembros, y Parlamento concebido como espacio de representación de los intereses de los dominados–, el Estado se constituye como una empresa de dominio político que engendra el campo donde se dirimen los objetivos nacionales; de este modo, los partidos son los que postulan al conjunto de la sociedad diversas formas de encauzar el destino de la nación. Los dirigentes aplicados a ello –aun habiendo pasado por un entrenamiento parlamentario– deben ostentar una cualidad adicional: no basta con que exhiban capacidad para hacerse cargo responsablemente de los asuntos públicos, necesitan además dar muestras de una "vocación" definida que persiga incansablemente la potencia de la nación. Desde luego, no escapan a la observación de Weber las múltiples limitaciones derivadas del proceso de surgimiento de dirigentes en situación de despertar la confianza de las masas y perseverar en la lucha por la consecución de los intereses nacionales; a ello se suman unos atributos según los cuales los jefes políticos –si es que no quieren sucumbir ante las presiones de la burocracia, claudicar ante las causas que persiguen y renunciar a los propósitos comunitarios– deben exhibir una equilibrada conjunción de convicciones o valores sustantivos, con una cuota de responsabilidad, de ponderación de las consecuencias de la acción política. La combinación de ambas éticas traza el carácter arquetípico del ejercicio de la actividad política moderna.

La relación entre Estado y nación

Si el Estado se caracteriza por el medio específico que emplea, la nación se define por los fines que persigue, de modo que entre uno y otra se verifica un cierto grado de reciprocidad, puesto que el primero, mediante el monopolio legítimo de la violencia y el formato burocrático-racional, contribuye a la prosecución de esos fines sustantivos. Precisamente, los propósitos a los que aspira la nación son los que orientan la búsqueda de una forma de poder para alcanzarlos, de modo que solo una vez que se ha logrado conformar un Estado organizado, la nación puede empeñarse en «la competencia inmediata de todos los demás posibles portadores de prestigio» (Weber, 1984: 669–670). Puesto que el Estado-Nación es la dimensión en la que converge el afán de predominio y la organización necesaria para lograrlo, la conexión entre ambos revela una solidez que resulta de la posibilidad que brinda el Estado para alistar una técnica específica de gobierno de las masas, con lo que las herramientas técnicas que requiere el proceso de socialización provienen de él. En verdad, toda organización institucional procede de ese afán de poderío; sin embargo, como las instituciones deben contribuir al manejo cotidiano de los asuntos públicos, y para evitar que la voluntad de prestigio nacional se disuelva en el fárrago habitual, resulta crucial la existencia de un jefe político que, en situación de librar la lucha por el resguardo de los valores nacionales, no descuide la marcha de las cuestiones ordinarias.

Entre nación y Estado, entonces, se establece un nexo según el cual la primera delega en el segundo el control de los bienes materiales para la aplicación de la violencia física, mientras el segundo organiza una dominación política cuya hechura no conspira contra los valores nacionales, ni ellos impiden la formación de un Estado potente. Para preservar los contenidos que le son propios, la nación demanda que el Estado no los degrade y que, paralelamente, implemente los dispositivos que se adecuen a la satisfacción de las necesidades de las masas, velando por que la forma de la administración no desnaturalice los objetivos nacionales. Con todo, y pese a su apariencia taxativa, los rasgos de la nación –la voluntad política compartida en común por sus integrantes y la pretensión de poder o potencia nacional– no originan una sencilla relación con la configuración estatal; entre ambas se verifica un vínculo intrincado que desecha toda suposición acerca de que cualquiera de ellas sea la precursora o tenga una existencia anterior a la otra. En rigor, el

Estado-Nación es el espacio donde concurren los objetivos económicos que, transformados en fines políticos, dan forma a la "razón de Estado", es decir, a «los intereses económicos y políticos de potencia de [la] Nación y de su depositario, el Estado nacional alemán» (Weber, 1982a: 19). Las relaciones entre la institución depositaria de la defensa de los intereses nacionales –el Estado– y la institución depositante de los valores sustantivos –la nación–, son siempre conflictivas, particularmente, porque la política de partidos no eclipsa el uso legítimo de la violencia por parte del Estado y porque la separación entre administración y control político de las decisiones se mantiene (Niu, 2008: 240).

No obstante, si la nación es la sede de la "razón de Estado" y el Estado constituye "la organización terrenal de poder de la nación", entonces, entre ellos se interpone una figura política que idealmente tiene que encarnar las finalidades materiales y las aspiraciones de grandeza nacional. A la nación se subordinan todos los objetivos políticos[26]; por eso, como la entiende Weber, carga en sus hombros

> el peso de los milenios de una historia gloriosa [...] Ella permanece joven si tiene la capacidad y el coraje de seguir fiel a sí misma y a los grandes instintos que le han sido legados, y si sus clases dirigentes están en condiciones de elevarse a esa atmósfera inflexible y serena que permite prosperar al sobrio trabajo de la política alemana, pero que también está embebida de la severa grandiosidad del sentimiento nacional (Weber, 1982a: 29).

Democracia: ¿fin o medio?

«Para mí, la "democracia" nunca fue un fin en sí misma. Mi único interés ha sido y continúa siendo la posibilidad de implementar para Alemania una política nacional realista, fuertemente orientada hacia fuera»[27]. Al decir esto, Weber parece entender la democracia como un marco dentro del que pueden organizarse políticamente las masas, ya niveladas socialmente por la extinción de las diferencias propias de la sociedad

---

[26] Uno de los más reconocidos estudiosos de Weber sostiene que «el poder del Estado nacional fue un valor fundamental para él y todos los fines políticos estaban, en consecuencia, subordinados a los requerimientos de la Nación» (Mommsen, 1990: 48). En otro texto, el mismo autor afirma que «Weber puntualizó explícita y repetidamente que en su jerarquía personal de valores, la idea de lo nacional tenía precedencia sobre las cuestiones del orden liberal constitucional» (Mommsen, 1989: 25).

[27] Citado en Mommsen, *The Political and Social Theory of Max Weber*, Polity Press, UK, 1989, p. 25.

tradicional. La ampliación del sufragio universal y la parlamentarización son las notas distintivas del proceso de democratización. En tanto forma viable para el ordenamiento de sociedades masivas, la democracia moderna no puede ser la representación popular de las corporaciones y municipios del pasado, en los que las relaciones sociales eran relaciones humanas, sino representación de intereses en el marco de grandes complejos sociales basados en finalidades instrumentales. En el capitalismo, esos agrupamientos pierden vigencia y existen solo como anhelo de aquellos estamentos ávidos de conservar influencia social y política; el carácter de su reclutamiento obligatorio y forzoso contrasta con la realidad de los partidos, instituciones apropiadas para

> determinar la política con el peso y con el número de sus inscritos [y] sobre la base de un reclutamiento "libre" [...] que se proponen, mediante el poder económico de sus miembros [...] imponer un compromiso que corresponda a sus intereses» (Weber, 1982c: 185-186).

Así como el Parlamento es la representación de los dominados frente a los que dominan los aparatos del Estado, los partidos políticos representan la voluntad de los dominados frente al dominio creciente del estamento burocrático. Sin embargo, a una mayor socialización y democratización de las masas, le corresponde un incremento de la burocratización interna de los partidos al ritmo de la creciente racionalización de la técnica electoral, lo que da lugar a partidos semejantes a empresas. Luego, la actividad política democrática exhibe un grado de especialización tan alto como la economía, de tal forma que el parangón entre democracia y organización propone una complicada conexión entre la burocracia –en cuanto órgano imprescindible para asegurar la subsistencia de las masas, y de carácter neutral, puesto que responde a quien la tutela políticamente–, y los políticos, cuya existencia resulta imperiosa a fin de equilibrar las reivindicaciones populares con la racionalidad formal propia del cuerpo administrativo. La tensa relación entre democracia y burocracia se resuelve a través del estricto control por parte de un político que, además de fiscalizar la actuación del cuadro administrativo, controla a las masas y se constituye en mediador entre las cuestiones propias del cálculo racional y la libertad individual. El patrón se repite en el interior de los partidos, aunque en este caso, con respecto a los funcionarios partidarios. De esta suerte, tanto en la democracia como en los partidos políticos, las masas pasan a un segundo plano respecto de los dirigentes, quienes son siempre los que concentran el poder. En estricta alianza, democracia y burocracia componen un formato de orden regular que no solo neutraliza las manifestaciones de irracionalidad de las masas, sino que compatibiliza con la igualdad formal propia de todas las instituciones modernas:

En las circunstancias de complejidad, de una sociedad de masas, la única democracia posible es aquella donde la dominación se encuentra concentrada en un líder carismático que puede asumir la responsabilidad de sus acciones e imponer los valores necesarios que requiere una conducción política y que reclama una nación (Tovar Mendoza, 2004: 11).

Para el caso alemán, Weber propicia una democracia que, como forma política, contribuya a moderar la fobia de la burguesía ante sus responsabilidades directivas, además de pensarla en cuanto expediente mecánico, basado en el cálculo de votos y adecuado a la naturaleza del Estado moderno. En esa línea, afirma que «todo esto, no tiene absolutamente nada que ver con la teoría de una natural "igualdad" entre los hombres» (Weber, 1982c: 190; énfasis del autor), sino que representa un contrapeso a las desigualdades económicas totalmente inevitables en el capitalismo. Pero como el procedimiento democrático tiende a la formación de cesarismos plebiscitarios, pues las masas eligen a su jefe por confesión de fe más que por elección racional, la forma parlamentaria de la democracia viene a balancear semejantes métodos de selección, pese a que no tiene otro camino que someterse a aquellos dirigentes que son los depositarios de la confianza popular. Asociado a la imposibilidad de seguir considerando a esas masas como mero objeto de administración, el proceso de democratización marcha inevitablemente a la par de la demagogia.

Consecuentemente, lo mismo que la nación y el Estado, la democracia y sus instituciones específicas se hallan atravesadas por el carisma, sin el cual la organización estatal se vuelve un artificio burocrático que tiende a alejarse de los valores de fondo en los que se asienta la comunidad nacional. El encuentro del carisma con la democracia se refleja en el carácter que Weber le asigna a esta última en tanto esfera en la que concurren las necesidades de organización de las sociedades masivas y las pretensiones de expresión de la nación. En un mundo en el que predominan las organizaciones, las posibilidades de desarrollo democrático tienden a disminuir porque su temperamento no se aviene al esquema medios-fines que distingue al sistema capitalista. Si bien revela notable eficiencia en cuanto dispositivo de selección de dirigentes surgidos de las masas y mediados por los partidos, Weber la juzga exclusivamente como un ámbito en el que se compensan los impulsos del cuerpo de funcionarios burocráticos, el Parlamento, los partidos burocratizados, el caudillo elegido por aclamación y los diversos grupos de interés que pugnan por dominar el Estado. El delicado equilibrio entre esos elementos compone un modelo de gobernabilidad que los enlaza formalmente, aunque es el jefe político quien mantiene la iniciativa, por ser quien capta a las masas, y no a la inversa.

Si además se atiende al criterio mediante el cual Weber construye los tipos puros de dominación (elaborados a partir de las pretensiones de legitimidad de quienes imponen el orden), puede verse que la legitimidad democrática no halla sitio en dicha clasificación. La tipología se organiza en torno a las pretensiones típicas de obediencia al mandato de quienes ejercen la dominación o aspiran a ejercerla. La atención se concentra en las garantías del dominio (relativas a la conformidad de los dominados) solo cuando se profundiza en el problema cardinal de la legitimidad. De allí que su concepción de democracia queda en evidencia cuando analiza la naturaleza y los límites del gobierno democrático, donde afirma que, en su forma pura –es decir, la que postula la paridad de todos los miembros de la comunidad para dirigir los asuntos comunes y, además, aspira a la reducción del poder personal de mando–, solo es posible en aquellas asociaciones limitadas local y numéricamente y con escasa práctica en la determinación objetiva de medios y fines. Por eso, en sociedades complejas y diferenciadas, la democracia ampliada es enteramente impracticable, puesto que «[…] en cualquier situación, y particularmente dentro de la democracia, las grandes decisiones en política […] son tomadas por un pequeño número de personas» (Weber, 1982b: 135).

Algunas interpretaciones sobre los tópicos políticos weberianos observan que el principio de legitimidad democrática, de por sí ajeno a la dominación, solo ingresa al análisis por el lado de la reinterpretación antiautoritaria del carisma, cuando Weber postula la disminución de la dominación del hombre sobre el hombre[28]. Allí, al afirmar que el dominio carismático descansa en el reconocimiento de las cualidades del jefe, por lo que los seguidores tienen el "deber" de obedecerle, está resaltando un tipo de relación de mando que no es fundamento sino consecuencia de la legitimidad. Pero cuando las relaciones sociales se racionalizan, entonces, el

---

[28] Véase, por ejemplo, Breuer, *Burocracia y Carisma. La Sociología Política de Max Weber*, Valencia: Edicions Alfons El Magnànim, 1996, p. 173.

"deber" de obedecer al que manda ya no procede de los atributos carismáticos, sino de la selección del jefe a través de mecanismos electorales. Este es, precisamente, el principio de la legitimidad democrática que conecta con una despersonalización del carisma, y cuya cualidad se traslada ahora al cargo. Al invertirse la relación, el peso de las decisiones retorna a los dominados, quienes «por su arbitrio (formalmente) libre eligen y ponen, y eventualmente, [también] deponen» (Weber, 1984: 214). Así, el patrón de la elección de los dirigentes políticos opera como reinterpretación antiautoritaria del carisma y sirve de fundamento a la aprobación democrática del ejercicio del mando. Ese giro desplaza la democracia al terreno de la dominación no autoritaria, una situación en la que los dominados se mueven en el sentido de limitar el poder de los dominadores; pero tal movimiento, en tanto tiende a cuestionar el poder vigente, carece de legitimidad y adquiere un signo revolucionario, que valiéndose del líder de masas coloca nuevamente en el primer plano a la comunidad y sus valores sustantivos. La democracia, entonces, se liga en principio a cuestiones comunitarias que refieren al rechazo de la estructura de poder imperante y a la anulación de las normas y ordenaciones en vigor. Pero su persistencia en el tiempo está sometida a los mismos estímulos que el carisma, es decir que tanto una como otra, pese a ocurrir en situaciones extraordinarias, corren el riesgo de ser consumidas por la rutina cotidiana.

Así entendida, la democracia comparte con el liderazgo una propiedad común: tanto una como otro interpelan a las masas. Por eso Weber la distingue de la democracia representativa, formato político en el que «los "representantes" son en verdad funcionarios de aquellos a quienes representan» (Weber, 1984: 237). No obstante, y a pesar de que en la posguerra se inclina por una forma de gobierno que combina un parlamento vigoroso y una figura presidencial fuerte –ambos en situación de asegurar la eficacia política, al controlar uno a los burócratas y otro a los líderes cesaristas—, la crisis social de Alemania lo inclina a respaldar un liderazgo en posición de hacer frente a la situación.

Puede decirse, entonces, que el predominio de la racionalización, junto con el desplome de la visión unitaria del mundo que reduce las posibilidades individuales de contar con criterios morales unívocos, se traduce en una democracia de líderes como forma de contener la pérdida de sentido y de libertad. Sólo quienes ostentan un verdadero espíritu dirigente son capaces de revitalizar las relaciones petrificadas que impone la organización social moderna. Luego, en el Estado burocratizado, los líderes fuertes son los únicos que pueden utilizar la maquinaria para la realización de fines objetivos determinados, razón por la cual la democracia de jefes plebiscitarios resulta en el restablecimiento simultáneo de «la relación entre líderes y seguidores, decisiones y racionalidad instrumental, recuperando así para el ámbito político la libertad y el sentido» (Thaa 2008: 15). Y aunque Weber admite que se trata de una democracia que combina liderazgo con maquinaria, que igual que todo tipo de dominación requiere obediencia, produce el vaciamiento espiritual de los seguidores y desemboca en su proletarización intelectual, no vislumbra otra salida ante los condicionamientos de la racionalización social. Aun considerando la inestabilidad propia del carisma, cuya persistencia depende de la continua revalidación del reconocimiento y por eso mismo tiende a la desorganización de las instituciones políticas, la democracia plebiscitaria parece ser la solución más adecuada para moderar el surgimiento de demagogos que se aprovechen de las necesidades de quienes se encuentran en situación de disponibilidad.

Transversalidad del carisma

Tal como Weber lo piensa, el carisma conecta con el entramado de conceptos políticos: se articula con la nación, con el Estado y su aparato burocrático, y con la democracia. Con independencia de las múltiples perspectivas desde las que se lo interpreta, los analistas concuerdan en que el sociólogo alemán es el primero en atribuirle importancia decisiva para comprender la organización política moderna, lo mismo que para explicar la génesis del Estado occidental.

Para descifrar el contenido del carisma, resulta necesario caracterizarlo brevemente, puesto que su forma sociológica reconoce un origen religioso que lo vincula fuertemente con cuestiones ligadas a la fe. Es sabido que la dominación carismática integra la clásica clasificación de las formas posibles en que se verifica la relación de dominio, pero encierra para Weber una cualidad que la hace portadora de una potencia revolucionaria que consiste en su capacidad de instituir una comunidad sentimental, es decir, unas relaciones sociales modeladas por el sentimiento subjetivo de los partícipes de constituir un todo.

Brota por comunización emotiva, lo que la hace altamente inestable a raíz, precisamente, del modo en que son seleccionados el dirigente y su séquito; por su propio carácter, se halla expuesta a mutaciones permanentes que comienzan en el momento mismo en que el líder debe responder a las demandas materiales de las masas. Viéndose forzado a encarar esta cuestión, la necesidad de contar con dispositivos especializados que se adapten al ejercicio habitual de la administración hace que el propio carisma se racionalice. Como en sí misma la relación se funda en la entrega, la reverencia y la confianza, y por ello, conoce solamente determinaciones internas y límites propios –lo que presupone que el depositario del carisma se ocupa exclusivamente de las tareas que se adecuan a su propia persona–, demanda de sus seguidores obediencia «en virtud de su misión» (Weber, 1984: 848). Por tanto, cuando el líder actúa sin sometimiento alguno a la ley ni a la tradición, sus acólitos confían en que las cualidades que posee bastarán para mitigar carencias y sacrificios. De este modo, el éxito de sus pretensiones –pero no la posesión de cualidades– depende del reconocimiento de los seguidores, sin el cual fracasa en tanto enviado. Empero, al hacer esto, el séquito no se convierte en poseedor de "derechos", sino que tiene el "deber" de obedecerle, lo que pone en evidencia el carácter autoritario según el cual el derecho del caudillo a obtener reconocimiento, aunque depende de la aceptación del pueblo, no implica la consideración de la soberanía popular, sino solamente el testimonio de la naturaleza carismática de su posición.

La posesión de esas cualidades se halla en la base de la idea de vocación en su expresión superior, de modo que los jefes partidarios, los que actúan en el Parlamento o los que son elegidos por devoción, deben dar muestras de que su predominio individual se halla al servicio de los valores comunitarios. Solo un dirigente que exhibe este atributo puede ser considerado un político en el sentido vocacional del término, y es a él a quien compete la distribución de concesiones materiales, pero también de honor social; es decir, de recompensas ligadas tanto a cuestiones ante las que debe responder el Estado, como aquellas vinculadas con el mantenimiento del orgullo de poderío de la nación. El carisma, entonces, cumple el importantísimo papel de conectar el sistema de satisfacción de necesidades materiales con el conjunto de valoraciones nacionales. Principios y medios se unen en la figura del caudillo, cuyo cometido requiere un esfuerzo portentoso porque, adicionalmente, se enfrenta al peligro de que el carisma quede absorbido por la inercia del gobierno y disipado por el avance irrefrenable del estamento burocrático.

Después de la guerra, y a la luz de la derrota alemana, Weber refuerza la definición acerca de las características que debe reunir un jefe político moderno: no se trata de alguien sometido a presiones, sino de un individuo guiado únicamente por sus propios valores, entregado apasionadamente a una causa, «al dios o al demonio que lo gobierna» (Weber, 1997: 154)[29].

Se ha afirmado que la idea de liderazgo de Weber es declaradamente individualista puesto que dista de la que se basa en la concreción de un programa elaborado y aceptado tras discusión y acuerdo colectivo, el que podría imponer fuertes presiones sobre la actividad del líder (Beetham, 1979). Acomodarse a un proyecto elaborado por otros es convertirse en un empleado y no en un verdadero líder político. Cuando en 1918 reflexiona sobre la futura constitución que debía darse Alemania, sostiene que la forma unitaria que reclama la nación para salir de la crisis de posguerra, impone la elección directa del jefe político sin intervención del Parlamento. Esta perspectiva, según la cual un presidencialismo fuerte puede servir para resolver los problemas económicos y sociales propios de la reconstrucción, se apoya en el concepto de que solo un político situado por encima de los intereses particulares consigue neutralizar a aquellos parlamentarios que viven "de" la política. Si durante la guerra Weber pensaba la institución parlamentaria como la más adecuada para seleccionar dirigentes dada su independencia del poder económico, una vez finalizada la contienda –y en virtud de la evidencia de la implicación de los partidos políticos con la defensa de intereses específicos– aboga por la figura del presidente en tanto contrapeso de un Asamblea convertida en arena de la lucha económica.

En el marco del incontenible proceso de democratización de las masas, un jefe político proclamado a través de mecanismos partidarios por el conjunto de honorables o por su sobresaliente desempeño parlamentario, no es sino alguien destinado a fracasar y, desde luego, proclive a traicionar los valores nacionales. Un genuino dirigente es, por el contrario, aquel que logra despertar en las masas sentimientos de confianza y de fe. Por lo tanto, el mecanismo de selección de líderes típico de las democracias, representa un cambio cesarístico definido por la aclamación plebiscitaria, modalidad de designación que si bien conlleva un enfrentamiento con el sistema democrático parlamentario que ve reducida la capacidad de promocionar a sus miembros a los cargos de máxima responsabilidad, vale por la fuerza de su realidad. Aun en casos de corrupción de los dirigentes

---

[29] Dice Weber que en él arraiga la vocación en su expresión más alta, pues es una figura concebida como «alguien que está internamente "llamado" a ser conductor de hombres» (Weber, 1997: 86).

o de cualquier otro dilema ligado al ejercicio del poder, cuando la elección toma la forma de plebiscito los partidos democráticos de masas no tienen más remedio que someterse incondicionalmente a aquellos jefes que gozan de la confianza popular. Weber testimonia el peso de dicho procedimiento con numerosos ejemplos extraídos de la historia europea y norteamericana y concluye afirmando que

> el hecho de que precisamente las grandes decisiones de la política –también y sobre todo en la democracia– las tome el individuo, [es una] circunstancia inevitable [que] determina que la democracia de masas compre sus éxitos positivos, desde la época de Pericles, mediante fuertes concesiones al principio cesarístico de la selección de los jefes (Weber,1982b: 151).

Persistencia de la nación

En 1918, a pesar del tiempo transcurrido desde que había pronunciado la célebre conferencia de habilitación en la Universidad de Friburgo, la nación sigue conservando la misma trascendencia. En un pasaje de su biografía, su esposa relata el estado de ánimo de Weber al fin de la guerra: «Cree en la nación como en sí mismo, en el sentido de que ningún destino exterior, ninguna presión puede aniquilar su sustancia espiritual» (Weber, M., 1995: 856-857).

Simultáneamente, el Estado mantiene su carácter instrumental y la democracia su índole revolucionaria en los dos sentidos que encierra para Weber: un dirigente que manda a las masas a mantener la boca cerrada y obedecer, y un pueblo que puede juzgarlo si ha cometido errores y, en ciertos casos, enviarlo a la horca. Todos los refinados e impersonales dispositivos que las sociedades modernas desarrollan para satisfacer las necesidades, aun siendo imprescindibles en cuanto a sus ventajas técnicas, siguen subordinados a los valores nacionales. El Estado, por tanto, no puede pensarse sino en relación con los objetivos de la comunidad, y aunque también se adapta burocráticamente a la administración de sociedades complejas, sobre todo en cuestiones tan cruciales como la política económica y las relaciones internacionales, no puede apartarse de los propósitos nacionales. Su dirección queda en manos de dirigentes a la altura de las circunstancias y funcionarios entrenados en el estricto cumplimiento del deber profesional y el acatamiento de órdenes superiores. La democracia, a su vez, continúa ocupando el lugar destinado a la promoción de líderes capaces de cambiar "desde dentro" la totalidad de las relaciones sociales. A fin de mantener el orgullo de poderío nacional, refrenar los excesos burocráticos y no renunciar a los lazos subjetivos allí donde solo impera el más crudo objetivismo, Weber recurre al carisma y a la burocracia, ambos animados de un potente aliento revolucionario.

Aunque muchos afirman que carece de una filosofía política, que su reflexión no contiene ningún criterio para juzgar los méritos de los regímenes políticos y que, en todo caso, su pluralismo elitista solo piensa una forma posible de democracia para Alemania y, en general, para las sociedades industriales, al caracterizar la sociedad moderna como el reino del politeísmo, la democracia, tanto como el Estado y la nación, quedan sujetos a las definiciones de hombres dominados por la pasión y la responsabilidad que, en cada época y en cada lugar, pueden volver a pensarlos y reformularlos. La confianza en la capacidad del carisma personal para atenuar el disciplinamiento propiciado por la burocratización, constituye para Weber la esencia del acontecer histórico (Mommsen, 1981), un modo de contrarrestar la rutina y hacer frente a las oscuras sombras que acechan el futuro. Sin embargo, también la burocracia juega un papel fundamental en el plano organizativo, hasta el punto que, aun cuando el carisma pretende deshacerse de sus lazos, termina adoptando su forma y sus procedimientos.

En suma, si de las reflexiones weberianas pueden obtenerse algunos lineamientos generales para comprender la política contemporánea, habría que prestar a atención a un conjunto de problemas: I) los individuos con vocación no alcanzan para delinear el horizonte político moderno: se necesita que a la figura del jefe se agregue un equipo humano que le obedezca y se haga cargo del manejo de los medios de administración; II) quienes viven de la política deben desplegar conductas de rechazo al soborno, la propina y el cohecho; III) los desbordes del funcionariado portador de conocimiento intelectual y técnico tienen que contenerse para impedir que su tendencia a valerse del saber invada espacios decisionales que no le conciernen; IV) las elecciones periódicas, el reclutamiento libre de los partidos en busca de adherentes, la jefatura y la militancia constituyen factores fundamentales de la actividad política (Weber, 1997: 123); V) el parlamento debería evitar comportarse como un elenco de "borregos" o meros prebendados del dirigente (Weber, 1997: 137); VI) como la política se hace con la cabeza, lo que da la pauta de un cierta frialdad y distanciamiento respecto de los hombres y las cosas (Weber, 1997: 154), tales atributos van unidos a la entrega y la pasión, de modo de no convertir la causa que se persigue en una agitación estéril, vanidosa e inconducente.

Si se retoman los hilos de su sociología política, puede decirse que la nación no culmina en nacionalismo, si por ello se entiende el predominio de un "espíritu del pueblo" del que emana la cultura. A su vez, la fuerza del Estado no deriva en estatismo, en términos de clausura de la competencia económica y política de los diversos grupos de interés. Asimismo, la parlamentarización no supone parlamentarismo puro, sino solo el diseño de un dispositivo para seleccionar gobernantes y controlar la administración. La democracia no es democratismo, dado que la existencia del jefe político, expuesto al veredicto popular en caso de engaño o traición, es finalmente el que funda un orden al que los dominados obedecen legítimamente. Por último, el carisma no desemboca en totalitarismo, pues el caudillo –aun siendo elegido directamente por el pueblo y reclamando obediencia a la autoridad emanada de su persona–, se halla sometido a controles tan estrictos como amplio es el espacio que genera su figura en la búsqueda de la salvación del individuo de las redes de la rutinización burocrática moderna. Como dice Paul Ricœur, «lo que Weber puede todavía enseñarnos es que cualquier sueño de retorno a la vida comunal puede ser muy ambiguo» (Ricœur, 2001: 219), pues sus consecuencias podrían causar tanto anarquía como fascismo.

Indudablemente, el sociólogo de Heidelberg es el prototipo del intelectual liberal, pero de un liberalismo a las puertas de su decadencia, aunque al mismo tiempo «tuvo plena conciencia de la crisis del pensamiento liberal» (Mommsen, 1981: 8), por lo que buscó todas las maneras posibles de resguardar el sentido y la libertad en un mundo atravesado por la lógica capitalista. Ante poderes de una solidez suficiente como para detener y hasta anular las libertades personales, su propuesta hace foco en la política, «una dura y prolongada penetración a través de tenaces resistencias» (Weber, 1997: 179). Cabe esperar, entonces, que surjan individuos dispuestos a soportar la destrucción de las esperanzas, capaces de admitir que sus ideas no tienen categoría superior en comparación con los numerosos puntos de vista que conforman la realidad social. En ese marco, continúa abierto el problema de la inestable fragilidad de la autoridad carismática: si tarde o temprano adquiere la forma de dominación legal-racional o tradicional, entonces, no hay respuesta al modo en que podría sostenerse a lo largo del tiempo manteniendo sus propios cualidades; particularmente, cómo resolvería la cuestión, ampliamente confirmada por la historia, acerca de la formación de partidos que creyéndose herederos del jefe político, terminan confirmando la debilidad constitutiva del carisma. Finalmente, la tensión weberiana entre el parlamentarismo y los intereses nacionales, instituye un espacio cargado de «ambigüedades y zonas oscuras sobre los roles respectivos de la institución cesarista y la institución parlamentaria» (Portantiero, 1987: 11).

Bibliografía

Aron, R. (1981). «Max Weber y la política de poder», en *Papers: Revista de Sociología* N.º 15, Universidad Autónoma de Barcelona, disponible en http://papers.uab.cat/article/view/v15-aron/pdf-es

Beetham, D. (1979). *Max Weber y la teoría política moderna*, Madrid: Centro de Estudios Constitucionales.

Breuer, S. (1996). *Burocracia y carisma. La sociología política de Max Weber*, Valencia: Ediciones Alfons El Magnànim.

Mommsen, W. (1981). *Max Weber. Sociedad, Política e Historia*, Buenos Aires: Alfa.

------------------ (1990). *Max Weber and the German Politics. 1890-1920*, The University of Chicago Press.

------------------ (1989). *The Political and Social Theory of Max Weber*, UK, Polity Press.

Niu, G. (2008). «An Exploration of the Concept of the Modern Nation State: The Case of China», en *Core Ethics*, Volumen 4, disponible en http://www.ritsumei.ac.jp/acd/gr/gsce/ce/2008/ng01.pdf

Portantiero, J. C. (1987). "Weber: la forma moderna de la dominación", en *Los usos de Gramsci*, México: Folios Ediciones.

Ricœur, P. (2001). *Ideología y Utopía*, Barcelona: Gedisa Editorial.

Schluchter, W. (1981). «Max Weber y la crisis del sistema de valores liberal», en *Papers: Revista de Sociología* N.º 15, Universidad Autónoma de Barcelona, disponible en http://papers.uab.cat/article/view/v15-aron/pdf-es

Thaa, W. (2008). "Democracia y crítica de la civilización en Max Weber y Hanna Arendt", en *Revista Española de Ciencia Política*, N.º 19, octubre.

Tovar Mendoza, J. (2004). «Paradojas de la sociología política de Max Weber: caso América Latina», en *Revista Con-Ciencia Política*, volumen 1, N.º 7, disponible en http://portal.veracruz.gob.mx/portal/page?_pageid=796,4097548&_dad=portal&_schema=PORTAL

Weber, M. (1982a). "El Estado Nacional y la política Alemana", en *Escritos Políticos*, México: Folios Ediciones.

-------------------- (1982a). «La futura forma institucional de Alemania», en *Escritos Políticos*, edición de José Aricó, México: Ediciones Folios.

-------------------- (1982b). «Parlamento y gobierno en el nuevo ordenamiento alemán», en *Escritos Políticos*, México: Folios Ediciones.

-------------------- (1982c). "Sistema Electoral y Democracia en Alemania", en *Escritos Políticos*, México: Folios Ediciones.

-------------------- (1984). *Economía y Sociedad*, México: Fondo de Cultura Económica.

-------------------- (1985). "Roscher y Knies y los Problemas Lógicos de la Escuela Histórica de Economía", en *El Problema de la Irracionalidad en las Ciencias Sociales*, Madrid: Taurus.

-------------------- (1997). «La Política como Vocación», en *El político y el científico*, Madrid: Alianza Editorial.

Weber, Marianne (1995). *Max Weber. Biografía*, Valencia: Ediciones Alfons El Magnànim.

Weber, M. (1991). «Parlamento y gobierno en una Alemania reorganizada», *Escritos Políticos*, Madrid: Alianza Editorial.

EL INDIVIDUO "EN" EL MUNDO

Del individualismo inequívoco a la difusividad del individuo

Introducción

Para precisar la envergadura del pensamiento weberiano acerca del individualismo moderno, corresponde subrayar su argumento principal: la conversión del individuo en alguien "fuera" del mundo a alguien "en" el mundo, un recorrido que remata en una especial combinación entre dominio interno y participación activa en la vida social. Hoy en día, el aflojamiento de ese vínculo da paso a dilemas éticos que quiebran la relación entre motivaciones personales y autoestima social, un proceso que muchos analistas caracterizan como la cumbre de la despersonalización pronosticada por Weber. Ante ello, se afirma que «el estudio de la sociedad contemporánea es inseparable del análisis del imperativo específico que obliga a los individuos a constituirse en tanto que individuos» (Martuccelli, 2007: 11). Y como Weber se ocupa de detallar las fuentes de las que procede tal proceso, resulta provechoso seguir el curso de su explicación para contrastarla con discusiones y reformulaciones ulteriores.

Es en los *Ensayos sobre Sociología de la Religión* donde se encuentran sus principales consideraciones. El propósito de esos escritos, un proyecto inconcluso desarrollado en el transcurso de dos décadas, no persigue retener lo esencial de las formulaciones doctrinales de las religiones que analiza, sino captar su magnitud cultural, el modo en que condicionan procedimientos prácticos impregnados de contenido ético. En términos comparativos, ese recorrido posibilita la aprehensión de la especificidad de la racionalización en las múltiples facetas que adquiere en el marco del capitalismo occidental, ilumina su influencia sobre las conductas económicas y las conflictivas relaciones que establece con las demás esferas de la vida moderna; particularmente, en una sociedad en cuyo seno los distintos campos de actividades cobran una autonomía desconocida en el pasado y donde la convicción –regida por principios y orientada a la defensa y persecución de ideales– es continuamente desafiada por acciones gobernadas por el cálculo.

En su rastreo de los acontecimientos históricos que guardan afinidad con el capitalismo moderno, Weber se interesa por las religiones orientadas a la salvación; cree encontrar en ellas el germen de un impulso que contribuye a componer el cuadro de la modernidad capitalista, especialmente del perfil que cobran el carácter y la conciencia individuales. Para ello, identifica los rasgos de las religiones que aceptan el mundo tal como es, es decir, aquellas que se adaptan a la realidad sin otra mediación que la de burócratas desligados de toda búsqueda de trascendencia. En contraste, la necesidad de salvación «es el resultado de la pretensión […] de que el acontecer del mundo, al menos en la medida que roza los intereses de los hombres, es un proceso *con sentido*» (Weber, 1983a: 461; énfasis del autor).

Entre las problemáticas que aborda, resalta la importancia que las diversas religiones asignan a la tradición. Mientras en algunas la moralidad queda apresada dentro de un conjunto de reglas de carácter eminentemente práctico –que hace que la búsqueda de sentido pase a un plano secundario–, otras buscan deliberadamente otorgar sentido al mundo, con lo que revolucionan las conductas al conferirles fundamento ético. Sin embargo, no todas las religiones de salvación engendran una verdadera transformación del comportamiento: algunas se deslizan hacia formas burocráticas, como es el caso de las que se ordenan en torno a un estrato de intelectuales humanistas, o bien, cuando caen bajo la influencia de un funcionariado hierocrático que hace valer su autoridad jerárquica. Sean de un tipo u otro, y aun cuando ambas buscan la salvación, esas religiones rematan en un burocratismo opuesto a la representación de sujetos portadores de cualidades proféticas o carismáticas.

Interesado por la concepción de la vida que estimulan los distintos sistemas de creencias[1], y por las pautas psicológicas que modelan la personalidad de los individuos que los abrazan, Weber señala que el significado atribuido a la conducta puede variar desde un ideal afirmado en el alejamiento de todo lo terrenal –de modo que lo cotidiano no interfiere en la relación con la divinidad–, hasta una actitud que privilegia la actividad mundana –a condición de que se ajuste a los preceptos religiosos que

---

[1] Cabe consignar que toda religión racionaliza la conducta, de modo que sus diversas manifestaciones abarcan culturas bien distintas de la occidental. Luego, el interés de Weber por el proceso propio de Occidente se halla comprendido en un conjunto más extenso.

definen los comportamientos agradables a Dios–. De esas confesiones, selecciona el puritanismo ascético, especialmente porque fija patrones de actuación que favorecen en el individuo formas de sobreponerse a la carga de la cotidianeidad y asisten en la ardua tarea de hallar recursos para mantener el estado de gracia: su peculiaridad resulta incompatible con la simple adaptación y, por eso mismo, desencadena un conjunto de tensiones con las demás esferas de la vida. En contraste con las religiones puramente ascéticas o contemplativas, logra resolver tales apremios mediante el trabajo concebido como servicio a Dios. Basada en una clase de mandatos que moldea el comportamiento individual en el interior de la comunidad, la ética que funda instaura el radical rechazo de los medios mágicos y sacramentales.

La metodización de la vida comporta la realización de actos movilizados por el cálculo: el ahorro y la reinversión de la ganancia conseguida a través de una profesión lícita. Asimismo, esa amalgama ética encierra un atributo fundamental del hombre moderno: su necesidad –tanto humana como histórica– de actuar según una convicción en un mundo donde las tomas de posición intervienen vigorosamente en el alcance y la dirección de las acciones. A diferencia de la «ética social orgánica», cuyo signo conservador y antirrevolucionario ordena la vida adaptativamente, la «religiosidad virtuosa» produce consecuencias revolucionarias siempre que

> el pragma de la violencia (el hecho de que ésta engendra nueva violencia y que renueva solamente las personas y, a lo sumo, los métodos de la dominación violenta), no [sea] reconocido como cualidad permanente de lo creado (Weber, 1983a: 450).

Con la cristianización de la vida, la práctica ascética racional –antes realizada exclusivamente en los claustros– resulta en el desencantamiento del mundo, un proceso de objetivación que conlleva el dominio de ese mismo mundo para conocerlo y actuar en él. En su desarrollo, la concepción religiosa da paso a estructuras de conciencia postradicionales que se manifiestan en «una deducción racional de la concepción de Dios, [...] de la idea de un Dios trascendente y providente que dispone de los destinos individuales» (Ruano de la Fuente, 2001: 76) y cuyos designios son inaccesibles a la inteligencia humana. Con ello, se produce la escisión entre naturaleza y ética, entre mundo y fe, ámbitos que se ordenan según cánones bien diferenciados. Al calor del avance del conocimiento empírico, la búsqueda de sentido se hace más racional, y lo religioso queda recluido en el espacio de lo irracional. No obstante, en virtud de la configuración ética de la religión, el mundo objetivo –una sustancia a ser transformada según principios éticos– se somete al "deber ser"[2]. Por tanto, la fe continúa orientando las acciones, puesto que se hace visible solo cuando se concreta en obras, cuando se ciñe al plan divino de forma constante y metódica y cuando se instituye en la expresión de que se está en posesión de una sólida moral. Saber que puede aspirarse a la salvación a través de los actos se aviene al principio que vincula indisolublemente el ser y el hacer: un ser que se define por el hacer, y un hacer que define el ser. La coincidencia entre hacer y ser alude a «una orientación sistemática del estilo de vida desde dentro afuera según un *único* criterio valorativo frente al cual el "mundo" no es más que material a conformar éticamente siguiendo la norma» (Weber, 1983d: 425; énfasis del autor). Así, se hace patente que lo religiosamente valioso es solo aquello que es racionalmente ético; es decir, no solo las acciones con arreglo a los preceptos divinos, sino la «convicción santificada por Dios» (Weber, 1983d: 419). Tal orientación desaloja de raíz lo que Weber –cuando se refiere al taoísmo– denomina el «jardín mágico de la doctrina», de modo que las tendencias íntimas pasan a coincidir con motivos exteriores.

Aun cuando en la religión predominan las acciones racionales orientadas por valores, el puritanismo pone en juego los dos planos fundamentales de todo actuar humano: la convicción y la responsabilidad. Mientras la primera refiere al proceder de un actor que obedece únicamente a sus propios juicios, sin consideración por las consecuencias derivadas de sus prácticas, la segunda da cuenta de acciones en las que el individuo responde por los efectos producidos por sus actos. Luego, el creyente se conduce inspirado por una convicción acerca del deber individual, cuyo desconocimiento supone una grave infracción de la tarea impuesta por Dios (Weber, 1983b). Pero a la vez, experimenta

---

[2] En palabras de Ruano de la Fuente, «a Weber le interesa, en definitiva, resaltar [...] las conexiones entre la idea de la neutralización ético-religiosa del mundo, en cuanto devaluado reino de la imperfección, la etización o subjetivación de lo religioso y la idea de reforzamiento moral de ese mundo como ámbito de transformación ético-práctica. Solo así se entiende el desencantamiento del mundo desde un punto de vista práctico [...] Lo que esto significa es la conquista de una estructura de la personalidad ética, *signo* de posesión de la gracia, signo de contacto con lo divino, signo de posesión del sentido definitivamente perdido» (Ruano de la Fuente, 2001: 87; énfasis de la autora).

un sentimiento de responsabilidad ante la comunidad a la que procura construir sobre principios y normas nuevas. La confianza depositada en el ser celestial y su correlato lógico de desconfianza hacia la ayuda y la amistad de otros hombres encuentran en el puritanismo una salida por la vía de la reformulación de la idea de «amor al prójimo». Si bien «el trato del calvinista con su Dios se verificaba en el más profundo aislamiento interior» (Weber, 1983b: 85), la pertenencia a la secta como medio de salvación solicita colaboración profesional al servicio de la comunidad. Y lo hace a través de dos procesos diferentes, aunque ligados entre sí: por un lado, el apego de sus miembros a los mandatos religiosos, lo que confiere a la secta autoridad moral y prestigio comercial; pero por otro, también, «Dios quiere que los cristianos actúen en la sociedad, *puesto* que quiere que la vida social se configure conforme a sus preceptos y se organice de modo que responda a aquel fin» (Weber, 1983b: 87: énfasis del autor). La ética profesional del protestante, entonces, se vuelca al beneficio de la vida terrena de la colectividad, pero en un sentido de utilidad impersonal y social para el servicio de Dios y querida por él. De ese modo, toma la dirección de un conjunto de formulaciones más diferenciadas, más comprehensivas y más racionalizadas (Bellah, 1964).

Junto con Stark, puede decirse que:

> el catolicismo encarna el principio que Tönnies denominara "comunidad": el todo es superior a las partes. El calvinismo, por el contrario, es producto del principio de asociación: las partes son superiores al todo. El catolicismo piensa en términos de unidad orgánica; es colectivista. El calvinismo, en cambio, lo hace en términos de contractualismo, es individualista (en Lukes, 1975: 120).

La superioridad de los miembros es fruto de la necesidad del creyente de pertenecer a la iglesia para alcanzar la salvación; pero esa pertenencia sucede en una situación que lo despoja de toda mediación con Dios y lo obliga a vérselas consigo mismo en materia religiosa. En consecuencia, las bases psicológicas calvinistas redundan en motivaciones puramente individualistas en la forma de acciones racionales según valores, aunque sus repercusiones organizativas se ajustan al tipo de acciones racionales según fines. De ahí que el protestantismo conciba al individuo en estrecha concordancia con su conducta ética, sin que entre ambas se verifique ruptura alguna. En tanto portador de una fe interior, privada y personal, las sendas de la salvación se distancian significativamente tanto de la magia sacramental como del juicio de los funcionarios de la iglesia.

Carisma de la secta y carisma individual

Tal como Weber lo entiende, el individuo moderno –cuyos rasgos principales analiza en las páginas finales de «La Ética Protestante y el Espíritu del Capitalismo»– hunde sus raíces en aquel creyente individual que asume su propio destino. Al compás del deterioro institucional de la Iglesia, del declive de la reputación de los sacerdotes en cuanto mediadores entre el hombre y la divinidad y de la oscura aceptación de los misterios sacramentales, el individualismo religioso se asienta ahora en las nociones de igualdad espiritual y autoexamen. La indagación weberiana destaca su emergencia a lo largo del proceso de reforma religiosa que tiene lugar en algunas regiones de Europa y que se consolida con rasgos propios en Estados Unidos a partir de la migración a Nueva Inglaterra de amplios sectores de confesión protestante. En su transcurso, la noción de individuo se carga de nuevas connotaciones que lo diferencian del hombre contemplativo del catolicismo: si el segundo se orienta por principios de intimidad y aislamiento, el primero –un hombre activo y diligente– se dirige al mundo e interviene en el reino terrenal creado por Dios. Es alguien sometido a una presión interior que –en contraste con la confesión católica– no encuentra ninguna vía de escape que lo descargue de la angustia personal. Puesto que la autoafirmación se despliega de un modo racional ante los compañeros de la congregación, difiere claramente de «la orden y el arresto» propios de la disciplina autoritaria de las iglesias (Weber, 1983c: 190). Luego, el interés individual de autoestima social constituye el eje de la formación, y se plasma en motivaciones personales «al servicio del mantenimiento y propagación de la ética puritana "burguesa" y de sus consecuencias» (Weber, 1983c: 191; énfasis del autor).

La formación y las motivaciones cumplidas a través de un estilo metódico de vida constituyen, junto a la autoestima, las piezas fundamentales de la individualidad, cuyos efectos guardan estrecha afinidad con el moderno capitalismo racional. El núcleo del individualismo se constituye en consonancia con la formación ascética: provoca la disolución de los lazos patriarcales y autoritarios y suscita la soledad ante Dios –el tener que elegir continuamente el camino trazado por la divinidad como «prueba» de salvación sin contar con ninguna autoridad orientadora desde fuera–.

El creyente está condenado a elegir, no ya como estrategia de subsistencia, sino como forma de alcanzar el éxito en términos de la demostración de sus méritos personales, lo que concurre a la sanción positiva del impulso económico individualista legitimado por medio de una vida disciplinada y consecuente conducida de modo racional. El complejo de motivaciones propio del *ethos* puritano reposa especialmente en la «sanción psicológica» procedente de la reinterpretación neocalvinista de la predestinación, así como del examen público de la actuación dentro de las sectas. Por consiguiente, se concreta en relación con un cuerpo de condicionamientos psíquicos de carácter interno.

Dicha concepción acompaña unas prácticas cuyas derivaciones se observan en el formato institucional de la naciente sociedad norteamericana; y aunque se alinean con preceptos propios del funcionamiento de las sectas, sus efectos exceden con mucho el plano estrictamente religioso. Weber destaca tres principios fundamentales que caracterizan el funcionamiento de las sectas. El primero, conectado con la calificación religiosa, refiere a los dispositivos grupales de inclusión y exclusión: opera mediante la evaluación de las cualidades religiosas de quienes ingresan y, al contrario del que aplican las iglesias que formalizan la dispensa general de la gracia, hace reserva de quienes no dan muestras de santidad. El segundo enlaza con la soberanía de la comunidad local, ya que ella, haciendo uso de su carisma, es la única poseedora de capacidad para juzgar la calificación de los miembros. Ello indica que quien se une a una secta es valorado no por razón de una calificación instituida, como es el caso de los sacerdotes, sino por pautas de carisma personal: lo que se indaga es si en su biografía constan episodios de conducta disoluta o ligerezas que empañen su reputación. En caso de carecer de antecedentes negativos, la recepción en la secta actúa como garantía de idoneidad ética, primordialmente, de honradez comercial. De tal forma, la soberanía alude a la convergencia del carisma de la comunidad y el carisma personal. La disciplina, el tercer principio que organiza el funcionamiento de las sectas, da cuenta de la práctica rigurosa de costumbres metódicas, cualidades que debe exhibir ante la comunidad quien pretenda integrarse al grupo. La severidad de las costumbres demandadas a sus adeptos se expresa en el autogobierno de las pasiones personales, el autocontrol del yo, a lo que se añade la facultad de la comunidad para decidir quiénes formarán parte de ella. La pertenencia entraña un conjunto de ventajas individuales, pues implica la certificación de una dignidad ética que garantiza no solo la obtención de crédito para la realización exitosa de las actividades económicas, sino el logro de prestigio social. A este respecto, Weber afirma que la violación de las máximas que tutelan la vida de las sectas y la de sus seguidores expone a las personas al desclasamiento. A su vez, y con más firmeza en la sociedad norteamericana, las prácticas ascéticas incluyen la pertenencia a la clase empresarial burguesa –capitanes de la industria, millonarios, magnates de los trusts–, cuyos miembros tienen que dar muestras de ser «hombres hechos»; vale decir, individuos capaces de someterse a un período de prueba y a una exhaustiva investigación de su vida las que, sumadas a la práctica del bautismo, otorgan la posibilidad de contar con garantías para la obtención de préstamos y depósitos. Sin embargo, en la medida del avance del proceso de secularización, esa organización de estricto sesgo religioso deriva en la constitución de asociaciones y clubes que comparten con las sectas su carácter exclusivista. Cualquier individuo no incluido en esas sociedades es considerado un paria, y un profesional en esa situación es tachado de incompetente. Con todo, Weber advierte que si bien el poder del dinero y la riqueza no valen como garantía de honor social, constituyen un medio adecuado para ganarlo.

La inclusión en una secta, y más tarde en una asociación, también representa la disponibilidad de derechos de ciudadanía, bajo el supuesto de una equivalencia entre comunidad eclesial y comunidad política. Así como la congregación de fe confiere el estatus de ciudadano, las sectas y asociaciones aceptan solo a quienes ostentan dicha condición. Por ello, Weber llama la atención acerca del «orgullo de casta» que comporta la pertenencia, y esto por razones singulares: en principio, porque la disciplina no se halla en manos de ninguna autoridad espiritual, sino que es administrada por laicos; además, los medios de imposición no revisten carácter autoritario, pues operan a través de la necesidad de autoafirmación dentro del propio círculo; por último, los procedimientos para premiar o castigar las acciones individuales buscan alentar y seleccionar cualidades personales de constancia y continuidad. Los atributos del virtuosismo no solo deben poseerse, sino probarse permanentemente mediante su cultivo sistemático. Mientras en el plano religioso esas actitudes sirven para acreditar la bienaventuranza en un mundo supraterrenal, su ejercicio en la vida cotidiana suministra los recursos apropiados para organizar la existencia social en el mundo terreno, además de entrenar en la autoafirmación ante los compañeros de fe y ante los colegas de la asociación. Además, los impulsos que se alientan ayudan a distinguir entre acciones buenas y malas, o lo que es lo mismo, entre conductas ajustadas al orden –lo que redunda en premios– y comportamientos discrepantes –que revierten en castigos–. Así, las recompensas y las sanciones se dirimen entre iguales, en forma particular e individuo por individuo; es decir, de un modo estrictamente distinto en comparación con la distribución universalista de la gracia de las iglesias. Por esa razón. Weber afirma que

> no es la *doctrina* ética de una religión, sino aquella conducta ética que en ella se *premia* como consecuencia de la naturaleza y condición de sus bienes de salvación, lo que en el sentido sociológico del término, constituye "su" específico "ethos" (Weber, 1983c: 190; énfasis del autor).

Además de distinguirse de las iglesias hierocráticamente organizadas, las sectas también difieren del corporativismo tradicional y de la orientación hacia el lucro de los gremios medievales con sus lazos patriarcales y autoritarios. No reúnen a competidores en una profesión ni a portadores de especialidades profesionales y técnicas; tampoco educan en el afán de lucro o en la competencia como medio para asegurarse el sustento; procuran, en cambio, inculcar valores sustantivos tales como la disciplina, la rectitud moral y la vida ordenada. A falta de fórmulas para resolver cuestiones materiales y ante la ausencia de barreras al afán de lucro, las enseñanzas de las sectas aprueban el éxito económico, al contrario del gremio, donde tales logros son objeto de reprobación. La evidencia del estado de gracia personal, entonces, se vuelve solidaria del prestigio de la secta. Y aunque la configuración del gremio medieval participa en el conjunto de elementos vinculados al racionalismo burgués, constituye un estadio anterior de la organización capitalista del trabajo, pues su incidencia no contribuye a originar un *ethos* capitalista específicamente individualista. Si el gremio juzga las conquistas económicas del compañero de oficio como una verdadera violación del espíritu grupal, la secta las interpreta como el testimonio de su mérito y su estado de gracia, lo que favorece el aumento de las posibilidades proselitistas de la propia secta.

De ese encadenamiento histórico-conceptual se desprende la idea según la cual «solamente el estilo de vida metódico de las sectas ascéticas podía legitimar y consagrar [el] impulso económico "Individualista"» del capitalismo (Weber, 1983c: 192; énfasis del autor), pues los creyentes veían el enriquecimiento personal conseguido a través del trabajo como una bendición de Dios, expediente ascético de carácter superior y en condiciones de obrar como «comprobación absolutamente segura y visible de regeneración y de autenticidad de la fe» (Weber, 1983b: 156). En cuanto asociación exclusivista formada por «virtuosos» particularmente calificados en cuestiones religiosas, una vez constatada la aptitud del aspirante la secta recluta individualmente y coloca a la persona ante la necesidad de demostrar que se encamina voluntariamente en la dirección de la renuncia a ciertas conductas y apetitos y que se dispone a desarrollar actividades concordantes con los decretos religiosos. Fomenta un individualismo ético que presupone rendición de cuentas para continuar en la asociación y gozar de los beneficios derivados de ello. Al aplicar criterios de virtud caso por caso, genera comportamientos que contribuyen a constituir una subjetividad responsable ante los otros —los compañeros de la secta—, pero también ante Dios —de quien emanan las pautas a cumplir—. No ocurre lo mismo en una iglesia universalista que proclama la salvación de las masas y, por tanto, pretende abarcar a todos dentro de los límites de la institución. Su pretensión de contener al total de la humanidad se complementa con la excomunión, que si bien supone la pérdida de los medios eclesiales de la gracia, no significa la anulación de la calidad de súbdito de la institución, puesto que el expulsado sigue permaneciendo bajo su control. En contraste, la secta castiga al pecador y lo excluye definitivamente de las relaciones con la comunidad (Weber, 1998). Su carácter aristocrático viene atado a la calificación de sus miembros solo en función de la posesión de atributos carismáticos, lo que determina la renuncia a la universalidad y el rechazo al carisma del cargo.

Así, el esquema weberiano del individualismo queda configurado en torno a un conjunto de elementos y relaciones de raíz religiosa que convergen en el concepto de profesión. El primero refiere al deber profesional concebido como representación de la dignidad humana; el segundo establece una vinculación entre la dignidad y el cumplimiento intramundano del deber, opuesto a la significativa «huída del mundo» del catolicismo; el tercero reposa en la idea de predestinación, vale decir, en la decisión divina acerca de la salvación o la muerte eternas, sin intervención de la culpa en la eventual modificación de un destino predeterminado; el cuarto conecta con un Dios desconocido y misterioso, cuyos designios se sitúan más allá de toda comprensión humana, y cuya principal ocupación se cifra en el sostenimiento y elevación de su propia gloria; le sigue la conjetura acerca de la pertenencia individual, una presunción que procura responder a la pregunta sobre la inclusión dentro del grupo de los elegidos o de los condenados; por último, la confirmación, la que depende exclusivamente del cumplimiento de los mandatos divinos que obligan al hombre a comprometerse con una intensa actividad en el mundo, a no descansar en la búsqueda de la riqueza, únicos recursos para sentirse en posesión de la gracia divina y para desarrollar y mantener la confianza en sí mismo. Ese encadenamiento culmina en la profesión, precisamente el punto de inicio del esquema, pues ella constituye el ámbito donde puede corroborarse la fe mediante el trabajo exitoso y sin tregua para la grandeza de Dios. De ese modo, la vida cotidiana se recrea dentro de un universo de principios religiosos, en cuyo seno la profesión «consiste en cumplir [el] deber para con Dios por la gestión moral de la vida de cada día» (Giddens, 1988: 217).

La obligatoriedad de la conjetura engloba dos factores relevantes para la conformación de la interioridad del hombre religioso: por un lado, posibilita el florecimiento y el sostén de la confianza individual, a la vez que constituye un método que –aunque no asegura concluyentemente la salvación– permite atenuar la inquietud generada por la duda. Ambos componentes, derivados de la teoría calvinista de la predestinación, no aluden a cuestiones de orden lógico, sino a la constitución del tipo psicológico del creyente: se articulan en torno a un Dios que no es la sede de la razón, sino de la soberana voluntad de dominio, lo que le permite escoger o sentenciar a las personas. Por su parte, forzado a elegir, la vida del creyente no se ordena a partir de una estrategia de subsistencia, sino de una modalidad específica de alcanzar el éxito sustentada en la demostración de sus propios méritos personales. Con la aprobación del impulso económico individualista, queda definitivamente legitimado el tipo de vida disciplinada y metódica conducida según principios racionales. En suma, el complejo de motivaciones propio del *ethos* puritano descansa en la «sanción psicológica» procedente de la reinterpretación neocalvinista de la predestinación, así como en la continua verificación de la conducta personal realizada dentro de las sectas, de forma tal que queda definitivamente asentada en un conjunto de condicionamientos psíquicos de carácter interno. Pese a su origen estrictamente irracional, produce efectos racionales, tanto sobre la vida de las personas como sobre la organización de la sociedad[3].

---

[3] La conducta de vida, entonces, se ciñe al conjunto de disposiciones y de actualizaciones

Individualismo moderno y convicciones

Diligencia, honradez, sobriedad, austeridad y cálculo racional delimitan el perfil psicológico del individuo moderno en un sentido singular: no por mera repetición de una vivencia, sino por estar articuladas esas cualidades con reglas de pensamiento. Si en su momento el determinismo de la predestinación centralizó una ética de la convicción intensiva y sistemática, ulteriormente, dio lugar a un sentimiento de pecado que el hombre moderno carga sin importar el principio metafísico del que surge. Empero, aun reconociendo las diversas fuentes de las que puede proceder, lleva la marca de esa sistematización de la vida propia de la ética puritana de la convicción; una convicción fundada en un secreto tormento que refiere la conducta no a lo que se ha hecho, sino a lo que se es, tal como lo descubre y lo expresa lo que efectivamente se ha hecho; solo que en las circunstancias de la modernidad ya no cuentan la predestinación, el arrepentimiento y el perdón, ni siquiera la posibilidad de satisfacer alguna ventaja emanada de la razón divina, por otra parte inaccesible al género humano. No se trata, pues, de evitar la cólera de Dios por haber transgredido las reglas o contravenido comportamientos convencionales: consumado el desencantamiento en el plano religioso y transformadas las condiciones económicas y sociales, el vaciamiento del derecho sagrado conduce a la conformación de un orden jurídico racionalizado con fuertes repercusiones en el campo de la economía (Weber, 1984). Lo que es "debido" forma parte de una ética de la convicción que, en su origen, quiebra los estereotipos de las normas particulares e inaugura una relación total "plena de sentido" acerca de la forma en la que ha de encararse la vida en pos de la salvación. Pero a medida que la secularización avanza, el derecho sagrado se debilita ante el "sentir sagrado", ante una convicción que sanciona máximas de conducta para la vida cotidiana. Y en la modernidad, ese sentimiento que opera "desde dentro" –en contraste con el derecho estereotipado que lo hace "desde fuera"–, expresa en toda su magnitud la íntima y aguda tensión entre las convicciones y el mundo. La racionalización y sistematización que liberan las relaciones sociales organizadas en esferas particulares de vida desafectadas de los postulados religiosos generan inseguridad y desequilibrio. Paralelamente, al cultivar

---

individuales y grupales comunes, disposiciones que se traducen en prácticas «con un relativo grado de consistencia y fiabilidad» (Kalinowski, 2006: 57).

una religiosidad congregacional que prioriza el principio de la fraternidad, la secta se emancipa de la asociación política, pues mientras la comunidad religiosa predica el universalismo del amor fraternal más allá de los vínculos de sangre, la asociación política se distancia de los poderes universales de los dioses (Weber, 1984). El derecho sagrado –asentado en la tradición, la caridad y las relaciones cara a cara– se distancia del derecho formal cimentado en la racionalidad económica, el lucro obtenido por medio del trabajo metódico, la socialización que comporta el mercado, la objetivación de las reglas que lo regulan y la pura impersonalidad de las relaciones sociales.

Si hay algo que distingue esencialmente al puritanismo es que promueve un aspecto característico de la modernidad: el conflicto entre la convicción y el mundo. Sea religioso o secular, tiene que enfrentarse con el orden terrenal que se regula según su propia legalidad. Es precisamente esa tensión la que otorga al mundo moderno su específico dinamismo (Weber, 1984) y coloca al hombre frente a la obligación de desarrollar una profesión no ya como forma de conjeturar sobre su estado de gracia, sino como el medio para integrarse a la maquinaria capitalista que subsume en su lógica no solo a la economía, sino a la totalidad de la vida (Weber, 1983b).

Los argumentos concernientes a la relación entre confesión religiosa, individualización y acumulación de capital difieren de los de Troeltsch[4], pues para Weber el potencial explicativo del *ethos* protestante radica en la captación del desarrollo del espíritu capitalista, y no tanto del origen del capital. A ese respecto, observa que una vez que la profesión de fe muta hacia el provecho económico individual –el más preponderante entre los criterios de utilidad derivados de los principios religiosos– (Weber, 1983b), pierde vigor la figura del hidalgo, cuyo patrimonio no procede del éxito y la ganancia comerciales, sino de la herencia. A la par, cobra relevancia el *self made man*, quien representa la austeridad y rigurosidad propias de la vida del burgués. Ese movimiento ocurre junto con otra transformación: al promover acciones sobre el mundo que lo alteran sustancialmente, la ascesis puritana confiere a los bienes externos un poder formidable sobre los individuos. La uniformización del estilo de vida puritano se refleja en

---

[4] Para el autor, el origen del individualismo moderno debe buscarse no tanto en los acontecimientos seculares que acompañaron al Renacimiento, sino en el proceso de la Reforma religiosa, lo que significa no solo un cambio de doctrina, sino también un modo distinto de concebir la sustancia de la religión (citado por Lukes, 1975: 119).

la estandarización de la producción capitalista, en cuyos límites el hombre se siente dominado por la idea de propiedad. Pero si el creyente no alberga un sentimiento de mera posesión –pues su actividad económica apunta a satisfacer la voluntad de Dios y, por tanto, constituye una obligación o función encomendada–, el hombre del capitalismo experimenta la carga de su conversión en una «máquina adquisitiva» responsable por las riquezas que posee y por su continuo incremento. Y pese a que el capitalismo denota un vaciamiento religioso que ya no necesita el sostén de la profesión de fe, el deber profesional sigue asediando la vida de los individuos «como el fantasma de pasadas ideas religiosas» (Weber, 1983b: 166). A medida que se secan sus raíces, el pragmatismo y la utilidad resultan ser los factores orientadores, de manera que la sociedad capitalista tiende a favorecer a quienes demuestran disposición para el trabajo, mientras impugna la moral de clase propia de los trabajadores y los sindicatos opuestos a la autoridad (Weber, 1983b). El trabajo, cuyo sentido primero se vinculaba a la regeneración y autenticidad de la fe, culmina en una concepción del esfuerzo humano como motor de la "buena conciencia", siempre que se ajuste a procedimientos legales o parámetros de corrección formal. De tal suerte, los principios de libertad de conciencia y tolerancia ostentan un carácter fundador del que surgen derechos individuales tales como la propiedad, la libertad contractual y la potestad para elegir una profesión.

Tanto el carisma personal como el de la comunidad se vuelven crecientemente cualidades ligadas a ideas, a programas e instituciones, y pierden con ello su naturaleza personal y subjetiva. A medida que la magia y la religión disminuyen su ascendiente, el carisma migra desde las personas y los grupos a la razón, y se convierte en un atributo de portadores personales que ya no cuentan como individuos sino solo como representantes de ideas. Ese proceso, propio de la cultura occidental, da cuenta de un poderoso incentivo hacia la objetivación que tiene lugar bajo condiciones únicas e irrepetibles: la combinación de acontecimientos de orden material, científico y religioso (Breuer, 1996), junto con constelaciones políticas de carácter singular, imprimen al ser humano moderno su sello ético y sus valores culturales.

Resignificación sociológica del individualismo: cuestionamientos y derivaciones de la concepción weberiana

La idea weberiana del individualismo ha suscitado numerosas críticas, muchas de las cuales indican su carácter paradojal vinculado con dos sentidos superpuestos de la racionalización: emancipación y reificación. En la línea de las objeciones iniciadas por la Escuela de Frankfurt y continuadas por Habermas, tal interpretación –construida en torno a la recuperación de un espacio colectivo de diálogo– representa una perspectiva que apela a la idea marxista de «superación»: se trata de situar la racionalidad moderna en un terreno que contiene el «mundo de la vida»[5] y el «sistema»[6], una forma de trasponer la concepción weberiana mediante la «racionalidad comunicativa», la que propende al consenso y la coordinación de la acción sobre nuevas bases. Si la racionalidad supone adecuación de medios a fines predeterminados y formalización de la vida personal y social, también sobrelleva la clausura de la autonomía individual absorbida por sistemas deshumanizados. Por una parte, la instrumentalización, la regulación y la burocratización contribuyen a la emancipación humana al reorganizar y reordenar la sociedad y liberarla de las trabas y condicionamientos estamentales del tradicionalismo; pero por otra, colabora para que «el individuo autónomo, esa creación de la historia europea moderna [...] desaparezca condenado [a] sobrevivir simplemente en los márgenes de los sistemas despersonalizados» (Wellmer, 1994: 74-75). En cuanto correlatos institucionales del proceso de racionalización, la ciencia, la economía y la burocracia no garantizan la llegada a un paraíso utópico de total autonomía y conducción significativa de la vida, ya que al vaivén de la secularización e institucionalización «de las estructuras cognitivas de una conciencia desencantada [...] como sistemas secularizados del discurso cultural y de la interacción social» (Wellmer, 1994: 77), tiene lugar un proceso que mina los cimientos sociales de la vida de los individuos autónomos y racionales. Luego, el profundo agobio weberiano, arraigado

---

[5] En los términos de Habermas, «Al actuar comunicativamente los sujetos se entienden siempre en el horizonte de un mundo de la vida. Su mundo de la vida está formado de convicciones de fondo, más o menos difusas, pero siempre aproblemáticas» (Habermas, 1989: 104).

[6] La perspectiva del sistema alude a regulaciones y medios de control que imponen el dinamismo de sus imperativos al mundo de la vida, y llegan a colonizarlo. Su tendencia al equilibrio depende de la especificación funcional de los subsistemas económico y político-administrativo (Habermas, 1990).

en la intensificación abarcadora de la racionalidad, envía a un universo atravesado por la despersonalización de las relaciones sociales y la aridez de la comunicación, mientras reduce la existencia a la impersonalidad de sistemas racionalizados anónimos portadores de dispositivos que mecanizan las acciones y las privan de libertad. El sentido otorgado a la profesión de fe como reflejo de la actividad profesional mundana concluye en un automatismo que empobrece la comunicación y la somete a los imperativos propios de la esfera administrativa.

Sin embargo, el afán de superar la perspectiva weberiana mediante el postulado de la colonización sistémica del mundo de la vida también es criticado, en este caso, con el argumento opuesto. Lo que en verdad se verifica es la colonización de la esfera pública por asuntos que antes correspondían a la vida privada, lo que ocasiona la renegociación de la frontera entre lo público y lo privado y la redefinición de las premisas de la esfera pública: un ámbito donde los asuntos políticos relativos a «la actividad encargada de traducir los problemas privados en temas públicos (y viceversa)» son desalojados por la transformación de lo público en un escenario donde se expone lo privado a la vista del público (Bauman, 2003: 76). No obstante, por efecto de la expulsión de la agenda pública de todos aquellos problemas considerados «no privados», las cuestiones privadas no devienen en asuntos públicos. Aun cuando las personas exponen públicamente sus propios problemas en una dirección también paradojal, están obligadas a resolverlos individualmente; el modo en que cada uno consigue encausar su vida e implementar los medios para ello pasa a ser el tema público excluyente y la única fuente de interés. Sobreviene, entonces, la caída manifiesta de la preocupación pública por la «buena sociedad» y por la justicia, conjuntamente con la erosión de la responsabilidad colectiva por el bienestar individual. Entretanto, y cada vez más, las acciones se realizan fuera de la incumbencia de las autoridades públicas, mientras las instituciones políticas –que se ocupaban de codificar las acciones, especialmente las del Estado– ceden su lugar a los mercados financieros y de productos. Todo desemboca en una de las tendencias principales de la época actual; esto es, el reemplazo de la legislación por un «nuevo agente, no político, [que] ha desplazado a su predecesor político» (Bauman, 2003: 83).

En resumidas cuentas, si el estilo esbozado por el individualismo de raíz protestante –y proyectado en una concepción abstracta bajo la forma de derechos universales– constituyó una herramienta decisiva para la cancelación de privilegios y rangos tradicionales, tal desenvolvimiento derrama en un recorte de la autonomía que implica, tanto para Weber como para sus críticos, el predominio de una lógica completamente ajena a la verdadera autenticidad y significación de la vida:

> Y no fue solo el pensamiento teórico el que emprendió el desencantamiento del mundo, sino que a este derrotero condujo precisamente el intento de la ética religiosa de racionalizarlo en el aspecto ético-práctico (Weber, 1983a: 464).

Signada por la preeminencia de condiciones técnicas y económicas, la modernidad es un cosmos donde la cultura racional organizada en torno a la profesión no deja margen para el cultivo de la fraternidad. La actuación en el mundo, propia del ascetismo puritano, remata en la supremacía de bienes exteriores cuyo poder sobre los hombres resulta en la conformación de un universo desconocido e irremediable.

Por tanto, en una etapa histórica definida como el «final de una época»[7], el individuo es alguien condenado a la individualización en un ambiente donde destacan la incertidumbre y la ampliación de la gama de opciones desplegada ante él. Todo incita a construir la identidad como una tarea saturada de responsabilidades por las consecuencias que desencadenan los propios actos (Bauman, 2003a). Debido a que los éxitos y los fracasos no pueden imputarse a nadie en particular, las personas se hallan compelidas a llevar una vida penetrada por respuestas biográficas a contradicciones sistémicas (Beck y Germeshein, 2003). En el contexto de la «modernización reflexiva» –que denota la victoria de todos los principios que sirvieron de base al capitalismo occidental–, se verifica la declinación de las clases, los estratos, las ocupaciones, los roles de género y la familia nuclear. Surge así una fase de socavamiento y transformación de la modernidad, una «radicalización» que resquebraja las premisas y los rumbos de la sociedad industrial y abre derroteros hacia una modernidad distinta. La individualización, tal y como se realiza en el seno de las sociedades industriales avanzadas, no supone atomización, aislamiento, soledad, desconexión o acabamiento de la sociedad. Contrariamente, conlleva una

---

[7] Es el caso de Beck, para quien la disolución del mundo comunista hace evidente el problema de «si la simbiosis histórica entre capitalismo y democracia que ha caracterizado a Occidente puede generalizarse en una escala global sin agotar sus fundamentos físicos, culturales y sociales» (Beck, 1997: 14).

desvinculación seguida de una ulterior revinculación a formas de vida que sustituyen a las antiguas y fuerzan a realizar por propia cuenta la producción, la representación y la combinación de las propias existencias (Giddens, 1997). Tanto la desvinculación de las formas anteriores, como la revinculación a modos nuevos, no son procesos voluntarios ni azarosos; tampoco se sujetan a cualquier tipo de condicionamiento: los individuos se orientan de un modo no tradicional, pero no porque lo deseen o lo decidan libremente, sino forzados por los acontecimientos históricos. Yuxtapuesto al desvanecimiento de las certezas, se ven constreñidos a encontrar otras nuevas, de modo que la construcción de la biografía es una cuestión de elección que combina roles laborales, educativos, familiares, económicos y sociales; vale decir, un modelo personal para obrar y mantenerse como agente individual creador de la propia historia vital, solo que ahora sin ninguna ordenación trascendental o institucional que perfile las actividades cotidianas. En un mundo escindido –del cual hoy, igual que en los primeros estadios de la modernidad, no puede predicarse una imagen unitaria– y regido por el poder de los bienes externos, los seres humanos se encuentran exigidos a tomar decisiones que, en último término, son de carácter «indecidible». Así como para Weber los reformadores no buscaban deliberadamente crear el capitalismo, así también la modernidad no persiguió la producción de formas de vida centradas en el ego, aunque sin proponérselo, ocasionó una considerable ambivalencia por efecto de su intención de asociar individualismo y comunidad.

En suma, si el primer desencantamiento supuso la pérdida de las certezas religioso-trascendentales que estimularon el pasaje desde el feudalismo a la sociedad industrial, al segundo le es inherente la pérdida de la fe en el progreso, en el Estado, en la ciencia y la verdad. En lugar de cultivar una política de la convicción, el individuo lucha por la conformación de estilos de vida y estructuras, tanto dentro como fuera del sistema político (Beck, 1997). Tras el agotamiento de esas fuentes de significado, el segundo desencantamiento –que presupone la liberación de la sociedad industrial y de las instituciones bienestaristas– se establece en el mundo agitado de una sociedad donde las personas ya no pueden calmar la angustia de las ambivalencias biográficas a través de la autoafirmación ante sus pares, la apelación a principios trascendentes y la construcción de un yo inequívoco. Dado que las contradicciones conciernen a los propios individuos y deben ser resueltas por ellos mismos, el yo se fragmenta al compás de la extensión de múltiples prerrogativas y obligaciones: como solo ellos pueden ser los sujetos de derechos, la materialización de esas opciones sucede a la par de un significativo desgaste de las antiguas instituciones, pues los modelos imperantes exigen la combinación de roles diversos muchas veces discordantes respecto de los cánones pasados. Esas variaciones, propias de la modernidad reflexiva, amplían los interrogantes y contribuyen a constituir un yo que se fracciona y se convierte en foco de discursos contradictorios. Deja de existir aquel elemento que –al facilitar la disposición de herramientas para organizar la propia vida– permitía afianzarse ante los camaradas de la asociación.

Luego, el yo individual se resiste al poder, se dirige hacia «sí mismo» y se colma de una carga de autorreferencialidad que deserta de los agregados especializados en las funciones de socialización. La consecutiva «des-socialización» da cuenta del descreimiento con respecto a toda constricción institucional, a toda imposición de normas y valores y, en último término, a la integración social. Con ello, se hace evidente el «debilitamiento (incluso la desaparición) del espacio propiamente social [y el] surgimiento de otras instituciones» (Touraine, 2006: 31). Ante la proliferación de fuerzas que atacan la individualidad, los sujetos luchan por su libertad en un contexto donde la religión ya no es el referente de las representaciones y del ordenamiento de la vida; a causa de que depositan tanta confianza en la ciencia, terminan «desconfiando de la conciencia», y las instituciones modernas tampoco cumplen esa función (Touraine, 2006: 67). En virtud de que la experiencia individual adquirida en la modernidad «se inscribe en registros múltiples y no congruentes» que estimulan «la autonomía del individuo» (Dubet, 2010: 89); y como la globalización inhibe la fortaleza del Estado, los combates en defensa de la individualidad se dirigen contra «un adversario difuso, impersonal, muy mal identificado» que diverge de los enemigos del pasado (Wieviorka, 2011:107). Las luchas, entonces, convocan al sujeto menos en su condición de actor social que de actor cultural, de forma que los compromisos que establece, de por sí inestables y provisionales, pierden la consistencia que exhibían cuando se vinculaban a la renovación y confirmación de la fe. Además de las representaciones, intervienen las emociones, los afectos, lo que desmiente el predominio de la acción racional con arreglo a fines (Dubet, 2010). El trabajo, creador de certidumbre e identidad, deja su sitio a diversos proyectos y contraproyectos que otorgan a la colectividad un carácter eminentemente heterogéneo (Garretón, 2000) derivado de sujetos implicados en numerosas relaciones que no necesariamente moldean el carácter en un sentido ético, sino que entrenan para desplegar capacidades subjetivas cada vez más complejas que poco tienen que ver con la univocidad y significación de la esperanza salvadora (Zemelman, 2010).

En contraste con la ética del trabajo –y su concepción de un individuo saturado de férreas connotaciones morales–, ahora, la conducta se orienta por una ética inmoral que reniega de los colectivos modernos, sean sectas, partidos o clases, y despeja el campo social para el surgimiento de una deontología desligada de Dios o de cualquier otra sustancia. Como «la ley del padre dejó de tener éxito» (Maffesoli, 2009: 40), precisamente porque los comportamientos ceñidos a reglas –sobre todo a aquellas que garantizaban la salvación y configuraban un individuo serio, racional, productor y reproductor– carecen de impulso orientador, el sujeto es alguien que guiado por una mayor flexibilidad en la apreciación del bien y el mal acarrea una identidad inestable que fragiliza la seguridad del yo. «Lo que está en juego, para retomar ese término que, según M. Weber, caracterizaba a la comunidad, es del orden de lo *emocional*» (Maffesoli, 2009: 43; énfasis del autor), un factor que funda una Iglesia invisible cuya singularidad radica en ser sede de integración de lo que la modernidad separa: lo bello y lo feo, lo bueno y lo malo, lo armónico y lo anómico se unen en una deontología ética que expresa con máxima transparencia lo que el mundo efectivamente *es*.

De la seguridad de la fe a la "elusiva promesa de una vida sin problemas"

Junto al «segundo desencantamiento», la «segunda reforma» –otra expresión acuñada para designar la magnitud de los cambios sociales en curso– alude a un movimiento secular que se monta sobre la idea weberiana de revolución interna y sobre las repercusiones estructurales impulsadas por la ascesis puritana. Según se indica, la primera reforma religiosa privatizó la salvación sustrayéndola de la esfera pública, convirtió al individuo en su propio sacerdote y al arrepentimiento y la redención en actividades desreguladas; simultáneamente, decayó el control ejercido por la hierocracia, con el consiguiente desmoronamiento de las actividades ritualizadas, sincronizadas y coordinadas; con ello, «destruyó y separó una jaula de hierro para permitir que la congregación de creyentes armara jaulas propias de su propia elección» (Bauman, 2001: 166)[8]. La segunda reforma, en cambio, desarticula todo esquema supraindividual de sanción de las elecciones individuales; la vida ya no se acomoda a los mandatos divinos para alcanzar la dicha eterna por medio del trabajo. Ahora se orienta hacia sí misma, de modo que la libertad muta hacia el derecho individual para elegir una felicidad propia y para idear el específico camino que conduce a ella. Completado el proceso que no pudo concluir la primera, la segunda reforma introduce al hombre modular, alguien que no tiene contornos ni facultades predeterminadas, y cuyos atributos son móviles, descartables e intercambiables (Bauman, 2001). Aun cuando el perfil individual no conspira contra la integración –puesto que al calor de la disminución de la coerción y la vigilancia la sociedad pierde rigidez, monotonía y homogeneidad–, los vínculos con otros son *ad hoc* y siempre flojos; de modo que a falta de individuos totales, las tiranías no tienen ocasión de ejercer su poder.

En consecuencia, se configura un tipo de sociedad que difiere de la segmentación premoderna y de la división en clases propia del industrialismo, que remata en un formato social que convive con sus propias contradicciones y ambivalencias metamorfoseándolas y tomándolas para transformarlas en nuevos fundamentos para la acción. En tanto los hombres modulares actúan sin contar con reglas rígidas, sus actividades pierden el respaldo de las actividades de los otros: no experimentan la sociedad como algo total ni se ven a sí mismos como seres totales, sino como individuos que no pueden ser absorbidos por un grupo único, aunque puedan conectarse e interactuar con otros. Como resultado de la «modularidad», generadora ella misma de permanentes tensiones, las personas se ven expuestas a la incertidumbre, la inseguridad y la desprotección, efectos derivados del cambio de los principios de pertenencia y cohesión que, ahora, se hacen borrosos e inespecíficos. En la segunda modernidad, aquel sentimiento vinculante originado en la ausencia de una autoridad

---

[8] El significado de la expresión "jaula de hierro", proveniente de la interpretación que Talcott Parsons emplea cuando traduce al inglés «La Ética Protestante y el Espíritu del Capitalismo», sigue siendo materia de discusión. Michael Löwy indica que es preferible el uso del término "habitáculo", en lugar de "caparazón", "valva", "celda" u otros, en razón de que se acerca a "habitación" y "casa". Con ello, se aclara su contenido, que remite a «una suerte de alegoría de la civilización capitalista industrial moderna y no, como se cree a menudo, del proceso de burocratización» (Löwy, 2012: 67).

creadora de disciplina llega a su máxima expresión, al tiempo que refuerza el antiautoritarismo de los medios de imposición. La necesidad de auto-afirmación –que en el pasado cobraba sentido dentro de la secta o de las asociaciones exclusivistas– se reduce a un conjunto de tareas a llevar a cabo sin que los grupos ejerzan influencia alguna. Aunque las cualidades humanas que se estimulan siguen siendo la constancia y la continuidad, lo que se demanda es que los agentes las cultiven para no cejar en su empeño por producir la movilidad e intercambiabilidad de sus propios atributos. El hombre verdadero, entonces, se define por la capacidad de saber que las opciones para la acción son infinitas, y que la elección depende no ya de un criterio institucional, y menos aún trascendental, sino «de lo que cada uno, como agente libre, hace de su propia vida» (Bauman, 2003: 71). Por ende, la tenacidad conserva sus contornos; y sin perder relevancia, se llena de nuevos contenidos asentados en un ahínco renovado al servicio de la definición y resolución individual de problemas individuales. Con la desaparición de una autoridad exclusiva, emergen múltiples autorida-des entre las cuales el individuo elige, convirtiéndose él mismo en única autoridad. Dentro de una trama en la que los objetivos se amplían desme-suradamente, las personas padecen la angustia de tener que optar entre ellos en un ambiente en que disminuyen los medios para alcanzarlos, a diferencia del pasado, cuando la ansiedad se originaba en la selección de los medios. Todos buscan alcanzar «la elusiva promesa de una vida sin problemas» (Bauman, 2003: 78), pero tal augurio no concluye nunca debido a que el trabajo ya no organiza la vida cotidiana y el grupo no define los recursos. El puritanismo, con su clara especificación del com-portamiento deseable, es sustituido por la búsqueda de «recetas de vida» entre una multiplicidad de propuestas que privilegian el consumo antes que la producción y la reinversión. Y así como el individuo queda sin el apoyo de una finalidad institucional o trascendental, así también se des-dibuja la pertenencia, pues en la vida cotidiana no existe nada capaz de brindar seguridad y contención.

La predicción acerca de la existencia de una «jaula de hierro» buro-crática con supremacía de acciones racionales según fines, varía hacia una forma organizativa en la que el capitalismo «no tiene un "valor-racional" en el sentido weberiano, aun cuando se aparta del tipo ideal de orden instrumental-racional» (Bauman, 2003: 66; énfasis del autor). Tal vez, tiene lugar la definitiva extinción de los veredictos inapelables de tribuna-les competentes para fijar los objetivos dignos de perseguirse, al tiempo que caducan la claridad y la especificidad de los fines. En lugar de desvelarse por cómo hacer mejor lo que debe hacer, el individuo se aflige porque no encuentra indicaciones acerca de lo que efectivamente debe hacer, respuesta que se hace cada vez más vaga en simetría con la ampliación de la libertad de elección. Apremiado a elegir "ser alguien" en un cuadro de total incompletud e indeterminación, inquietud y riesgo, todo recae sobre él, aunque si esas puertas se cerraran se produciría la misma insatisfacción personal que supuso en el pasado contar con un criterio de corrección e incorrección de los propios actos.

En síntesis, si como decía Weber las lógicas de la acción mantienen entre sí relaciones de tensión que no anulan la especificidad de cada una, y si la guerra de los dioses es también una guerra psíquica –pues la separación de esferas movilizada por la modernidad desencanta la experiencia y pone obstáculos a la construcción significativa de un único mundo que desorienta, en lugar de orientar–, entonces, el yo se disocia hasta el punto de constituir una subjetividad desapegada de máximas de conducta de carácter general (Dubet, 2010). Ello sucede precisamente porque dichas tensiones no encuentran una zona de convergencia que defina un sí mismo auténtico, sólido y unitario como el que ostentaba el creyente protestante. Por tanto, lo que queda al descubierto es que las tempranas intuiciones de Weber acerca de los avatares de la vida individual, se consuman en el escenario de una modernidad que abandona al individuo a una acción sin orientaciones, sometida a resolver asuntos completamente irresolubles.

Bibliografía

Bauman, Z. (2001). *En busca de la política*, Buenos Aires: Fondo de Cultura Económica.

------------------ (2003a). «Individualmente pero juntos», en Beck, U. y E. Beck-Gernsheim, *La individualización. El individualismo institucionalizado y sus consecuencias sociales y políticas*, Barcelona: Paidós.

------------------ (2003). *Modernidad líquida*, Buenos Aires: Fondo de Cultura Económica.

Beck, U. (1997). «La reinvención de la política. Hacia una teoría de la modernización reflexiva», en *Modernización reflexiva. Política, tradición y estética en el orden social moderno*, Beck, U., A. Giddens y S. Lash, Madrid: Alianza Editorial.

Beck, U. y E. Gersheim-Beck (2003). *La individualización. El individualismo institucionalizado y sus consecuencias sociales y políticas*, Barcelona: Paidós.

Bellah, R. (1964). «Religious Evolution», en *American Sociological Review*, volumen 29, N.º 3, disponible en http://www.jstor.org/stable/2091480

Breuer, S. (1996). *Burocracia y carisma. La sociología política de Max Weber*, Valencia: Ediciones Alfons El Magnánim.

Dubet, F. (2010). *Sociología de la experiencia*, Madrid: Centro de Investigaciones Sociológicas (CIS) y Editorial Complutense (UCM).

Garretón, M. A. (2000). *La sociedad en que vivi(re)mos. Introducción sociológica al cambio de siglo*, Santiago de Chile: Editorial LOM.

Giddens, A. (1988). *El capitalismo y la moderna teoría social*, Barcelona: Labor.

Habermas, J. (1989). *Teoría de la acción comunicativa. Racionalidad de la acción y racionalización social*, Tomo I, Buenos Aires: Tecnos.

--------------------- (1990). *Teoría de la acción comunicativa. Crítica de la razón funcionalista*, Tomo II, Buenos Aires: Taurus.

Kalinowski, I. (2006). «Introduction», en *Max Weber, Sociologie de la religion*, Coll. Champs, Paris: Flammarion.

Löwy, M. (2012). «*Stahlhartesgehäuse*: la alegoría de la jaula de hierro», en *Max Weber y las paradojas de la modernidad*, Löwy M. (coordinador), Buenos Aires: Nueva Visión.

Lukes, S. (1975). *El individualismo*, Barcelona: Ediciones Península.

Maffesoli, M. (2009). *El reencantamiento del mundo. Una ética para nuestro tiempo*, Buenos Aires: Dedalus Editores.

Marshall, G. (1986). *En busca del espíritu del capitalismo. Ensayos sobre la tesis de Max Weber acerca de La Ética Protestante*, México: Fondo de Cultura Económica.

Martuccelli, D. (2007). *Cambio de rumbo. La sociedad a escala del individuo*, Santiago de Chile: LOM Ediciones.

Ruano de la Fuente, Y. (2001). *La libertad como destino. El sujeto moderno en Max Weber*, Madrid: Biblioteca Nueva.

Touraine, A. (2006). *Un nuevo paradigma para comprender el mundo de hoy*, Buenos Aires: Paidós.

Weber, M. (1983a). «Excurso: Teoría de los estadios y direcciones del rechazo religioso del mundo», en *Ensayos sobre sociología de la religión*, tomo I, Madrid: Taurus.

---------------------- (1983b). «La Ética Protestante y el Espíritu del Capitalismo», en *Ensayos sobre sociología de la religión*, tomo I, Madrid: Taurus.

---------------------- (1983c). «Las sectas protestantes y el espíritu del capitalismo», en *Ensayos sobre sociología de la religión*, tomo I, Madrid: Taurus.

---------------------- (1983d). «Resultados», en *Ensayos sobre sociología de la religión*, tomo I, Madrid: Taurus.

---------------------- (1984). *Economía y Sociedad. Esbozo de sociología comprensiva*, México: Fondo de Cultura Económica.

---------------------- (1998). «Hinduismo y Budismo. El sistema social hindú. India y la posición general del Hinduismo», en *Ensayos sobre sociología de la religión*, tomo II, Madrid: Taurus.

Wellmer, A. (1994). «Razón, utopía y la dialéctica de la Ilustración», en *Habermas y la modernidad*, Giddens A. et ál., Madrid: Ediciones Cátedra.

Wieviorka, M. (2011). *Una sociología para el siglo XXI*, Barcelona: Editorial UOC.

Zemelman Merino, H. (2010). «Sujeto y subjetividad: la problemática de las alternativas como construcción posible», en POLIS 27, disponible en http://polis.revues.org/943

LAS GRANDES EMPRESAS CAPITALISTAS UNIVERSITARIAS

Max weber: educación, ciencia, universidad

Es sabido que en la obra de Max Weber no se encuentra un desarrollo sistemático acerca del proceso educativo y sus instituciones especializadas. Sin embargo, algunos de sus escritos contienen, más o menos explícitamente, referencias que permiten perfilar la especificidad de esa problemática desde su particular enfoque. En ellos efectúa observaciones sobre las diversas modalidades de la educación que se corresponden con los tipos históricos de dominación legítima, con especial énfasis en la formación de estamentos y grupos dirigentes. También, pueden hallarse explicaciones al respecto en los conceptos fundamentales de los que se vale su sociología, lo mismo que en el desarrollo de las categorías económicas de la vida social. En lo inherente a la práctica científica en el seno de la universidad y a los vaivenes de su historia institucional, los reflexiones más significativos se leen en la conferencia de 1918 titulada «La ciencia como vocación», lo mismo que en la traducción realizada por investigadores colombianos de algunos escritos sobre la temática[1], un trabajo de gran utilidad a tenor de la inexistencia de otra transcripción obtenida directamente del idioma original.

En un sentido general, y en el contexto de las sociedades modernas caracterizadas por la creciente burocratización, Weber considera que la educación, la ciencia y la universidad son instituciones enteramente ligadas a los imperativos económicos y de legitimación del Estado nacional. Los nexos entre ellas se verifican contra un fondo marcado por la tensión irresoluble entre burocracia y carisma, entre especialismo y cultura. Educación y ciencia se unen a la trayectoria del desencantamiento y a la rutinización, razón por la cual no comparte el optimismo ilustrado en cuanto a las contribuciones que ambas podrían realizar al progreso humano. Y, menos aún, confía en la posibilidad de la promoción

---

[1] Se trata de una traducción que se sirve de la versión en inglés de Edward Shils, efectuada en 1973, y de la edición francesa de Michel Martin, de 1983. Ambas recogen una serie de «artículos dispersos y olvidados en periódicos y revistas alemanas de 1908, 1909, 1911 y 1917» (Ramírez-Prado y Cataño, 1999: 6).

deliberada de talentos en el campo de la ciencia académica, con lo que su pensamiento se presenta como contracara de los enfoques tecnocrático, meritocrático y del capital humano (Terrén, 1996): el tiempo que le toca vivir hace que Weber sea «testigo de la desarticulación del ideal formativo planteado por Wilhelm von Humboldt a comienzos del siglo xix y no podrá evitar reaccionar frente a ello, tanto en lo personal como en lo intelectual» (Piedras Monroy, 2008: 481).

Tipificación de la educación

Situada en la casuística conceptual de *Economía y Sociedad*, la educación se liga indisolublemente a la disciplina. En su desarrollo, intervienen relaciones de dominación que implican «la probabilidad de encontrar obediencia para un mandato por parte de un conjunto de personas que, en virtud de actividades arraigadas, sea pronta, simple y automática» (Weber, 1984: 43). La disciplina se concreta cuando se produce una "obediencia habitual" que carece de crítica y de resistencia; es decir, cuando se apoya en la legitimidad del orden fundamentado y garantizado socialmente.

Para disponer de una clasificación de los tipos de educación, puede procederse inductivamente derivándola de las formas típicas de dominación legítima. En el ensayo dedicado al Confucianismo, Weber distingue solo dos tipos de educación ajustadas a finalidades específicas.

Históricamente, los dos polos más extremos en el campo de los objetivos de la educación son despertar el carisma, es decir, cualidades heroicas o dones mágicos, por una parte, y transmitir una educación especializada, por otra. El primer tipo corresponde a la estructura carismática de dominación; el último, a la estructura burocrática *racional* moderna (Weber, 1983: 334; énfasis del autor).

Como el principio carismático de legitimación se funda en la gracia personal, el impulso educativo estimula cualidades innatas que es preciso despertar en el sujeto, unos atributos enlazados con la obediencia procedente de la fe y del carácter inestable e indeterminado de la organización que crea es el tipo de formación que reciben los guerreros y los sacerdotes en sociedades heroicas o teocráticas (Taberner Guasp, 1999).

Por el contrario, el orden social afirmado en la legalidad racional –y cuya fuente de obediencia descansa en los procedimientos legislativos– da lugar a la organización burocrática sustentada en la instrucción especializada. Más que a una formación general, la educación se dirige hacia la especialización en un área particular del conocimiento, de modo que el experto así formado es quien se halla en mejores condiciones para desempeñar cargos burocráticos, sea en la administración pública o en la empresa privada. Constituyen un nuevo segmento de titulados cuyos portadores desean «ser admitidos en círculos que siguen "códigos de honor", obtener una remuneración respetable y una supervivencia asegurada [y] monopolizar cargos social y económicamente ventajosos» (Carvalho, 2005: 5).

A la dominación tradicional le incumbe un ideal educativo de índole humanística; su legitimación se origina en el estatus heredado, mientras la fuente de obediencia se garantiza mediante la lealtad personal. El modelo educativo apunta al cultivo de un "estilo de vida", a la impregnación del educando en el sistema de signos y maneras propias de un estrato social privilegiado, proceso que ocurre en estrecho contacto con el educador. Es la formación que se imparte a los caballeros, los cortesanos, los antiguos literatos chinos, los hombres cultos y refinados. Consiste en una pedagogía que «pretende *educar* un "hombre de cultura", es decir, un hombre con un determinado estilo de vida interior y exterior, cuyos tipos difieren según el ideal cultural del estrato dominante» (Weber, 1984: 334; énfasis del autor). Si ese estrato está constituido por guerreros, la educación se orienta a la formación de caballeros estilizados que repudian a los hombres de letras. Si, en cambio, son los sacerdotes quienes tienen a su cargo la educación, procurarán convertir al educando en un escriba o un intelectual. Durante el Medioevo, los valores de heroísmo y de arrojo de la nobleza guerrera se oponen a la reverencia hacia profetas y sacerdotes, pues su dignidad estamental predomina sobre cualquier otra consideración.

Aunque no faltan referencias a la familia y a las instituciones educativas, el acento recae en la organización eclesiástica. Y ello porque las condiciones requeridas para que una religión se constituya en iglesia resultan equivalentes a las que organizan el sistema de enseñanza: ambas se dedican a la administración de bienes espirituales, pero mientras la institución hierocrática gestiona bienes extramundanos, la educativa administra bienes terrenales. Lo mismo que en el ámbito de la administración del Estado, las políticas educativas suponen el tratamiento planeado de la educación llevado a cabo por una conducción que busca impedir interferencias de personas, cosas o procesos ajenos. Se trata de una empresa continuada, cuya administración se convierte en el fundamento de su dominación y se institucionaliza cuando surge un grupo especialmente consagrado a la materia y regido por ingresos, ascensos, deberes profesionales y comportamientos específicos sometidos a una reglamentación propia (Weber, 1984). Presupone, además, un tipo de dominación universalista que trasciende a la familia y a cualquier otra organización: el conjunto de principios racionalizados que emplea, cobra la forma de rutina técnica y objeto privilegiado de la institución, y al igual que en las iglesias, predomina el carisma del cargo sobre la persona que lo ejerce, con lo que la institución educativa se constituye en la depositaria del carisma "oficial" (Weber, 1984: 895). Así como en las organizaciones religiosas desaparecen los maestros carismáticos y los profetas –reemplazados por funcionarios especializados: obispos y presbíteros–, así también en la esfera educativa los reglamentos, el orden disciplinario y la racionalización de la actividad funcional considerada como profesión van ocupando los campos propios de las capacidades carismáticas. La tendencia hacia la separación «entre la persona privada profana y el cargo sagrado» (Weber, 1984: 897) se introduce en la actividad educativa como efecto visible de la burocratización, lo que trae aparejado el uso metódico del tiempo, el control de la conducta y el aborrecimiento de toda distracción que conspire contra los fines profesionales.

Ciertamente, las capas sacerdotales son las primeras en recibir formación literaria, conformándose las religiones en torno a cánones sagrados establecidos por escrito; un derrotero cuyo recorrido se extiende desde la más remota Antigüedad, hasta las religiones bíblicas[2]. Tal trayectoria otorga creciente significación al conocimiento de la escritura, recurso crucial para el manejo de los negocios puramente mundanos, así como para el funcionamiento de las burocracias. La elaboración de los reglamentos y actas de la administración, lo mismo que la educación de los letrados y funcionarios secularizados, pasa a manos de la clase sacerdotal que –en cuanto conocedora de la escritura– a menudo es ella misma quien ocupa los cargos más altos. Convertida en un verdadero gremio de letrados, la clase de los sacerdotes se dedica a interpretar los libros sagrados, a enseñar su verdadero contenido y su uso práctico en la vida. En virtud de su influencia educadora, la Iglesia Cristiana saca partido de la existencia de

---

[2] Una vez que la tradición se fija en libros, «se convierte en base de un sistema educativo no solo para los miembros del sacerdocio, sino también, y hasta en especial, para los laicos» (Weber, 1984: 369).

monjes célibes en disposición de aventajar al profesorado mundano, obligado a velar por su sustento y el de sus familias (Weber, 1984).

En la antigua China, en cambio, la educación es la que determina efectivamente el rango social. En contraste con la propiedad, la medida de apreciación es el "examen" de las capacidades literarias, factor principal para acceder a los cargos de la administración estatal. Quienes aspiran a esos puestos conocen la escritura, y su inclusión conlleva el progreso hacia la administración racional y la universalización, aunque no en el mismo sentido que en el Occidente moderno. Por consiguiente, la continuidad de las acciones educativas administradas racionalmente e institucionalizadas en la forma de agrupamientos profesionales, sean cuales sean sus fuentes sustantivas de fundamentación, descubren la misión de los procedimientos educadores, vigorosamente implicados en el orden social de una época determinada. Sin embargo, solo ocasionalmente prevalece un solo tipo de educación: la complejidad de las realidades educativas resulta de intrincadas combinaciones que se presentan como otros tantos campos de disputa valorativa. Así, la obediencia, la disciplina y la organización institucional constituyen tópicos sujetos a continua discusión, especialmente, en una «época que ha comido del árbol de la ciencia» (Weber, 1982: 46) y tienen que saber que la lucha entre ideales supremos es escenario de eternas disputas.

Competencia social y profesionalización

Resulta indudable que, para Weber, los especialistas son «el arquetipo del hombre de ciencia en la sociedad capitalista», quienes acaban «desplazando y volviendo anacrónico al hombre de cultura» (Piedras Monroy, 2008: 487), aquel individuo que era sede de una educación integral.

Con la generalización de los procedimientos burocráticos, se deja ver el predominio de la racionalización y la tensión que crea con respecto al carisma y la cultura. No solo no estimula prácticas políticas y éticas capaces de alentar la libertad e iniciativa de los individuos, sino que arrastra a la educación y a la ciencia a un ámbito de moralidad calculadora, formalizada y sumergida en la corriente de desencantamiento del mundo. En virtud de que ambas se hallan amarradas al trabajoso proceso de construcción del orden social en sociedades complejas, diversificadas y gobernadas por una estricta competencia, lo que se impone es una descarnada selección de quienes poseen más y mejores condiciones personales para triunfar. Con todo, para alcanzar la victoria deben desplegarse atributos que varían según las condiciones de los desafíos y la especificidad del orden social. En detrimento de la herencia, la educación profesional es uno de los medios más adecuados para vencer en la competencia social, temática que Weber aborda en el apartado dedicado al análisis de las categorías sociológicas de la vida económica; allí examina los procesos históricos que desembocan en la constitución de la moderna profesión. Afirma que debe entenderse por profesión

> la peculiar especificación, especialización y coordinación que muestran los servicios prestados por una persona, fundamento para la misma de una probabilidad duradera de subsistencia o de ganancias (Weber, 1984: 111).

Los modos de articulación de las profesiones estructuran una cierta estamentalización originada en la existencia de profesiones que requieren formación intelectual superior, sobre todo, aquellas cuya independencia y estabilidad aseguran la supervivencia de quienes prestan el servicio. Desde ese ángulo, la labor educativa propiamente dicha, así como sus productos, se encuentran sometidos a tres procesos específicos: por un lado, el nivel de desarrollo de las profesiones afianzadas y típicas; por otro, la naturaleza y el grado de la continuidad y el cambio profesionales; por último, las formas de educación derivadas de la necesidad de contar con óptima preparación intelectual para su desempeño (Weber, 1984). A medida que la especialización profesional adquiere valoración social positiva por la tarea o el servicio ofrecidos, tienden a desarrollarse dos patrones de inclinación hacia el trabajo: uno, fundado en valores y experimentado como misión; otro, inverso al anterior, que persigue fines instrumentales o la obtención de ganancias. También aquí, las acciones profesionales reales son una fusión de ambas orientaciones.

En cuanto probabilidad de obtener el propio sustento, la profesión resulta de la apropiación de bienes materiales; difiere de otras actividades porque –aunque también proporciona posibilidades sociales y económicas– la naturaleza de los bienes apropiados suscita el cierre de la comunidad de los poseedores de educación. Tal apropiación da lugar a una corporación en el sentido de «un cúmulo de gentes privilegiadas [que] monopolizan como "profesión" la disposición sobre bienes ideales, sociales y económicos, sobre obligaciones y posiciones en la vida» (Weber, 1984: 278: énfasis del autor). Para aspirar a dicho monopolio, la corporación exige una preparación o noviciado, la demostración de una aptitud o calificación y la obligación de pasar por un período de carencia y prestación de servicios sin beneficios económicos, una limitación que gobierna la entrada a las asociaciones estudiantiles, las órdenes caballerescas, los gremios de artesanos y los cuerpos de funcionarios administrativos. Actúa como obstáculo a la expansión de la comunidad; y además de constituir una modalidad que distingue a los grupos en general, otorga a los poseedores de conocimientos un carácter señaladamente endogámico. Vale decir que la educación, y por extensión la adquisición de habilidades científicas, es un beneficio cuya carencia impide la inclusión de un modo mucho más intenso que cualquier otro rasgo diferencial.

Actividad científica y docente en el ámbito universitario

Las especificaciones anteriores convergen en una particular concepción de la docencia y de la naturaleza de la labor científica en la universidad. Los rasgos de la carrera académico-profesional en Alemania en las primeras décadas del siglo xx divergen de los de la universidad norteamericana: una, regida por el principio plutocrático; la otra, burocráticamente organizada. Después de someterse a una prueba ante el claustro de profesores y de recibir la aprobación para el dictado de sus clases, el principiante alemán goza de libertad para determinar los contenidos que imparte, aunque durante varios años su tarea no es retribuida ni cuenta con la seguridad de un cargo futuro que provea a su manutención. A diferencia del joven académico norteamericano –quien desde el principio recibe una modesta remuneración y puede ser despedido al igual que un obrero, además de verse obligado a convocar a numerosos estudiantes para retener el cargo–, la continuidad del docente alemán no depende del tamaño de los cursos, pues reúne a quienes disponen de fuentes alternativas de subsistencia personal. Los contrastes se extienden a la realización de la labor docente, pues en un clima institucional que valora la antigüedad, el novicio desempeña un papel secundario en comparación con el profesor titular, el único habilitado para el dictado de las clases. Si bien dispone de más libertad y tiempo para dedicarse a la investigación y a la docencia, tal elección es del todo involuntaria. En Estados Unidos, en contraste, el ayudante económicamente retribuido se ve agobiado por el número de clases que debe impartir y por el hecho de tener que amoldar los contenidos a los temas fijados por los funcionarios universitarios.

Pese a observar insuficiencias, Weber advierte que las universidades alemanas tienden a adoptar los criterios de trabajo de las norteamericanas, sobre todo, en las áreas dedicadas a las ciencias naturales y la medicina organizadas en institutos que cobran la forma de «grandes empresas "de capitalismo de Estado" [...] que no pueden realizar su labor sin medios de gran envergadura» (Weber, 1998: 185; énfasis del autor) Y añade que

> con esto se produce en ellos la misma situación que en todos aquellos lugares en los que interviene la empresa capitalista: la "separación del trabajador y de los medios de producción". El trabajador, en nuestro caso el asistente, está vinculado a los medios de trabajo que el Estado pone a su disposición. En consecuencia, es tan poco independiente frente al director del instituto como el empleado de una fábrica frente al de ésta (Weber, 1998: 185; énfasis del autor).

Así como el director actúa como si el instituto le perteneciera, así el ayudante se posiciona como un "semiproletario" en razón de la precariedad de su situación laboral. En esa dirección, la progresiva americanización y burocratización de las universidades alemanas resulta un proceso indetenible que pone en cuestión el "espíritu" propio de instituciones habituadas a gobernarse según el prestigio, la honra y la antigüedad[3].

Con el avasallador impulso de las grandes empresas capitalistas universitarias, el azar alcanza una importancia decisiva; los conocimientos y la reputación pasan a un segundo plano y los nombramientos dependen cada vez más de cuestiones contingentes. No obstante, esa variación no puede imputarse sin más a la ineptitud de las autoridades y del funcionariado universitario; en realidad, obedece a lo que Weber denomina "leyes de cooperación humana", vale decir, la intervención de claustros que recomiendan y ministros de educación que nombran, lo que promueve la inserción de un conjunto de "mediocridades" en funciones destacadas. En 1908, tras la designación de un profesor en la Universidad de Berlín efectuada directamente por un funcionario político, denuncia el hecho como un verdadero escándalo y afirma que «los profesores de las áreas

---

[3] En 1911, refiriéndose a las universidades norteamericanas, Weber destaca el papel de los rectores: administran la universidad, «y todo lo que en Alemania no se puede hacer sin una intriga en el Ministerio de Educación es de su competencia. Su poder real es mayor que su poder oficial. Está en la posibilidad de hacer fracasar lo que nosotros llamamos la Facultad, apoyándose, gracias a la organización democrática de la universidad, en los miembros más jóvenes del cuerpo docente» (Weber, 1990d: 129).

afectadas, entre quienes se encuentran los sabios más respetados del país, inicialmente se han enterado del asunto por la prensa o por las visitas de cortesía que les ha hecho el nuevo colega» (1990a: 8).

De forma similar a otros procesos de selección de dirigentes (como es el caso del Papa o la elección de candidatos presidenciales, particularmente, en Estados Unidos), en la academia se designan no a los mejor dotados, sino a quienes cuentan con el aval de los cuerpos colegiados. Y aunque ese criterio no abarca la totalidad de nombramientos, pues siempre se mantiene una proporción considerable de nominaciones acertadas, la injerencia de órganos o personas extrauniversitarios que deciden sobre la vida académica comporta la monopolización de las oportunidades por individuos insuficientemente formados. Esa realidad, tutelada por parámetros no estrictamente objetivos, tiene que ser conocida por los jóvenes que procuran realizar una carrera, de modo que puedan discernir el papel –a menudo relevante– que desempeñan los dos elementos decisivos de la empresa universitaria: la suerte y la voluntad colectiva. Luego, no está demás saber que la vida académica tiene lugar en un contexto que suma conductas institucionales muchas veces cercanas al tradicionalismo –que hacen valer pautas subjetivas no ajustadas a parámetros totalmente racionales– y cánones susceptibles de evaluación objetiva. Por eso, señala que

> Toda concesión hecha por el cuerpo de profesores a consideraciones no intelectuales, y en particular a toda violación del principio fundamental de designar el mayor número posible de personas académicamente destacadas, contribuye al final a debilitar su autoridad moral (Weber, 1990a: 9).

Cuando se generalizan procedimientos que apelan a las relaciones personales con figuras del campo político, tiende a favorecerse a los protegidos de los profesores más encumbrados, de modo que los intereses van en desmedro de los méritos intelectuales.

No es menor la importancia que Weber atribuye a la creciente competencia para captar alumnos: critica el hecho de que el prestigio se sustente exclusivamente en ponderaciones cuantitativas, las que nada indican acerca del caudal de conocimientos del plantel docente. La inconsistencia de esas fórmulas no lo priva de remarcar que una declaración pública referida a la supuesta mala actuación de un profesor –además de constituir una "sentencia de muerte académica"– equivale a valorar su desempeño en términos «de la asiduidad con que ese alguien se ve honrado por los señores estudiantes» (Weber, 1998: 190). Claramente fastidiado ante las evaluaciones numéricas, las considera un artificio que tasa el desempeño docente por su poder de convocatoria. Los cursos que reúnen multitudes no reflejan el saber del profesor, solo dan cuenta de su capacidad para hacer valer circunstancias externas tales como el estilo o los atributos personales. Contra ese fondo, recuerda que la democracia debe aplicarse "cuando corresponde". Y como la tradición universitaria alemana se ciñe al principio de la aristocracia intelectual, no puede ignorarse que vale menos la cifra de inscriptos a una asignatura que la habilidad docente para exponer los problemas científicos, tornarlos accesibles y aptos para estimular la reflexión independiente. En eso consiste lo más decisivo y espinoso de la tarea pedagógica, pues así como los números no revelan si dicho propósito se plasma en realidad, el poder de transmisión de contenidos no depende únicamente de virtudes científicas: aunque «las universidades han de responder a la doble exigencia de investigación y de la enseñanza» (Weber, 1998: 191), nada garantiza que ambos imperativos se conjuguen en la misma persona, pues se puede «ser un sabio excepcional y al mismo tiempo un profesor desastroso» (Weber, 1998: 189).

La libertad académica

Para Weber, la libertad de la ciencia y de la enseñanza no depende de la fidelidad a principios extrauniversitarios, sean políticos, religiosos o sociales. Tampoco puede sostenerse el insólito criterio según el cual

> primero, cuando un nombramiento está en juego, no sólo los requisitos científicos y académicos del candidato deben ser examinados, sino también su grado de sumisión a las autoridades públicas y a las prácticas eclesiásticas prevalecientes; segundo, toda crítica hecha públicamente en contra del sistema político vigente, justifica la remoción del titular de su cátedra, y tercero, en el salón de clase, donde ni la publicidad ni la crítica son permitidas, todos aquellos que gozan del título de profesor pueden expresarse como deseen "independientemente de toda autoridad" (Weber, 1990b: 21; énfasis del autor).

Los procedimientos cuyas bases de sustentación reposan en la selección a través de la confesión de fe, sea del tipo que sea, supone un conformismo y una «castración» que no se compensa «por la existencia de mejores institutos, de auditorios de mayor tamaño o por la multiplicación de disertaciones doctorales, de trabajos sobresalientes o de exámenes exitosos» (Weber, 1990b: 23).

En consecuencia, la libertad académica cobra sentido en universidades que no enseñan doctrinas a favor o en contra del Estado ni comunican valores y virtudes de alcance universal. Dado que las creencias personales no pueden demostrarse científicamente, solo cabe profundizar en sus orígenes y en sus contenidos; de lo contrario, las instituciones no exhiben atributos «superiores a una academia jesuita, sino inferiores a ellas» (Weber, 1990b: 23). Se trata de una libertad basada en dos cuestiones primordiales: la primera, alude al nombramiento de los profesores, una designación que debe rehuir la ponderación de sus consideraciones últimas y sus aspiraciones más profundas; la segunda, concierne a la escrupulosa observancia de los cánones científicos y de investigación, dejando de lado «toda idea de enseñanza normativa» (Weber, 1990b: 25) y haciendo del aula «un foro donde sea fomentada la comprensión de las ideologías ajenas y divergentes a la suya, pero en ningún caso [...] servir a la propagación de sus propias inclinaciones» (Weber, 1990b: 25). Y en lo que a la investigación se refiere, su dirección e importancia se vinculan menos con las expectativas de ascenso en la carrera académica, que con la pertinencia de las temáticas estudiadas (Weber, 1990c)[4].

Condiciones de la ciencia universitaria

Si de materias pertinentes se trata, entonces, todo aquel que desea iniciar una carrera académica tiene que estar suficientemente pertrechado para enfrentar diversas injusticias, pero también, para aceptar que la práctica científica ocurre en el curso de una especialización creciente. Si finalmente prevalece la vocación –vale decir, la aptitud para sobreponerse al "loco azar" de la actividad, y para reconocer el especialismo como la trayectoria dominante–, el individuo acaba convenciéndose de que solo

---

[4] Tales juicios son retomados en la actualidad, particularmente en los numerosos análisis sobre la educación superior universitaria dedicados a la conflictiva relación entre profesión académica e investigación científica. Véanse, entre otros muchos, Clark, B. (1983), Brunner, J. J. (1996), Bourdieu, P. (2012).

llegará a logros científicos relevantes si se distingue como un riguroso especialista:

> Sólo mediante una estricta especialización puede tener el trabajador científico ese sentimiento de plenitud, que seguramente no se produce más de una vez a lo largo de una vida y que le permite decir: "Aquí he construido algo que *durará*". En nuestro tiempo la obra realmente importante y definitiva es siempre obra de especialistas (Weber, 1998: 192; énfasis del autor).

La vocación denota la específica capacidad para ponerse anteojeras, la voluntad de recortar de la infinitud de cuestiones que estimulan la curiosidad intelectual solo aquella parte acerca de la cual pueden formularse conjeturas atinadas. El logro de ese propósito requiere un elevado caudal de pasión, prerrequisito de la inspiración; y aunque ninguna invalida el cálculo inherente a la práctica científica moderna, ambas concurren a atenuar la frialdad intelectual y la ausencia de entusiasmo. De ahí que ideas y trabajo marchen a la par, ya que solamente el fervor y la dedicación hacen surgir temas pertinentes. Lo mismo que el artista, el científico se entrega a una causa «y sólo a ella eleva a quien así obra hasta la altura y dignidad de la causa misma» (Weber, 1998: 197). Pero en contraste con la producción artística, la ciencia sigue el ritmo del progreso, pues sus hallazgos quedan superados en plazos muy breves, tanto por el aporte de las nuevas generaciones como por los descubrimientos de otros científicos.

En esas circunstancias, ¿cuáles son las razones para dedicarse a una actividad que no llega nunca a conclusiones definitivas y cuyos resultados están signados por el permanente avance? En primer lugar, por medio de sus aplicaciones técnicas, la ciencia contribuye intensamente a la subsistencia material, a los éxitos comerciales y a la organización política de la sociedad. Asimismo, es un factor fundamental del proceso de intelectualización y racionalización de la vida que favorece el "desencantamiento del mundo". Sin embargo, el conocimiento así obtenido no conlleva una comprensión más amplia de las condiciones de vida de los individuos modernos y, menos aún, responde concluyentemente los interrogantes existenciales que los inquietan. Mientras escritores y novelistas se interrogan acerca del sentido de la muerte, de los modos de vivir y de hacer en un horizonte de progreso inmanente, los científicos solo pueden orientarse a través de conceptos; o como afirma Weber, acomodarse a una realidad en la que no valen ilusiones y sombras. Si la ciencia no dispone de herramientas para proporcionar felicidad, es porque su condición fundamentalmente irreligiosa la incapacita para desvelar las verdaderas esencias de la naturaleza, del arte, de Dios y de la fortuna individual.

La institucionalidad universitaria desencantada

Precisamente porque el conocimiento que se imparte en las aulas no tiene modo de zanjar la inextinguible lucha entre concepciones del mundo, la universidad es ajena a la imagen de un templo desde el cual se enuncian verdades dogmáticas no sujetas a crítica[5]; tampoco, se asemeja a un partido político desde donde se lanzan alegatos colmados de valores sustantivos. Los dioses modernos, representativos de los diversos órdenes de vida que atraviesan la cultura, son gobernados por el destino, nunca por la ciencia. Es ilusorio pretender que la decisión acerca de qué divinidad o qué demonio guiarán la propia vida sea asistida por la ciencia tal como se practica en la universidad: los profesores no son entrenadores en asuntos vitales y de comportamiento y la universidad no constituye un campo de adiestramiento de dirigentes, función que queda reservada a líderes políticos y religiosos. Así como el maestro no es un adivino, un profeta o un dirigente —pues el saber científico del que dispone no lo coloca en situación de formular indicaciones para la vida práctica—, la universidad no es un oráculo forjador de predicciones ni una iglesia que alecciona a su rebaño.

En suma, despojado de toda ingenuidad, Weber alega que afirmar el valor de la ciencia es el precio que debe pagarse por enseñarla. Con todo, tal opción implica hacerse cargo de los aspectos detestables de la realidad, motivo que lo anima a invitar a los estudiantes a protagonizar la aventura del conocimiento:

> Si se quiere acabar con ese demonio no hay que huir de él [...], sino que hay que seguir primero sus caminos hasta el fin para averiguar cuáles son sus poderes y sus límites (Weber, 1998: 226).

En último término, la concepción weberiana de universidad busca evitar el surgimiento de sectas fanáticas en torno a vaticinios académicos, agrupamientos que conspiran contra la creación de una auténtica

---

[5] No difunde sermones, enseñanzas colectivas «sobre cosas religiosas y éticas» (Weber, 1984: 373).

comunidad y obstaculizan la manifestación de la única virtud válida en las aulas universitarias: la integridad intelectual. Así, el llamado a la acción no procede de esperanzas irrealizables, sino del trabajo responsable y comprometido; esto es, de la obediencia al valor de la ciencia y del conocimiento para aprehender y aprender la especificidad de las fuerzas impersonales que tienden a dominar la vida.

Bibliografía

Bourdieu, P. (2012). *Homo Academicus*, Buenos Aires: Siglo XXI Editores.

Brunner, J. J. (1996). «Investigación social y decisiones políticas: el mercado del conocimiento», en *Revista Nueva Sociedad*, N.º 146, Caracas: Editorial Texto.

Carvalho, A. (2005). «Burocracia e Educação Moderna. Anotações a partir de Max Weber», en *Max Weber: modernidade, ciência e educação*, Petrópolis: Vozes, disponible en http://www.uel.br/grupo-estudo/processoscivilizadores/portugues/sitesanais/anais7/Trabalhos/xBurocracia%20e%20Educacao%20Moderna.pdf

Clark, B. (1983). *El sistema de educación superior. Una visión comparativa de la organización académica*, México DF: Universidad Autónoma Metropolitana- Editorial Nueva Imagen.

Piedras Monroy, P. (2008). «Una lectura de Humboldt. Max Weber y la universidad alemana», en *Arbor, Ciencia, Pensamiento y Cultura* CLXXXIV 731, disponible en http://arbor.revistas.csic.es/index.php/arbor/article/view/198/198

Taberner Guasp, J. (1999). *Sociología y Educación. Funciones del sistema educativo en sociedades modernas*, Taurus, Madrid.

Terrén, E. (1996). «Las aulas desencantadas: Max Weber y la educación», en *Política y Sociedad*, N.º 21, enero-abril, Universidad Complutense de Madrid, Facultad de Ciencias Políticas y Sociología.

Weber, M. (1982). «La "objetividad" cognoscitiva de la ciencia social y de la política social», en *Ensayos sobre metodología sociológica*, Buenos Aires: Amorrortu.

---------------- (1983). *Ensayos sobre sociología de la religión*, volumen I; capítulo III, apartado I: Confucianismo y Taoísmo, Madrid: Taurus.

---------------- (1984). *Economía y Sociedad. Esbozo de sociología compren-siva*, México: Fondo de Cultura Económica.

---------------- (1990a). «El caso Bernhard», en *El poder del Estado y la dignidad de la vocación académica*, Revista Colombiana de Educa-ción N.º 21; traducción de Yolanda Ramírez-Prado y Gonzalo Cataño, Bogotá.

---------------- (1990b). «La libertad académica en las universidades», en *El poder del Estado y la dignidad de la vocación académica*, Revista Colom-biana de Educación N.º 21; traducción de Yolanda Ramírez-Prado y Gonzalo Cataño, Bogotá.

---------------- (1990c). «Una vez más sobre el "sistema Althoff"», en *El poder del Estado y la dignidad de la vocación académica*, Revista Colom-biana de Educación N.º 21; traducción de Yolanda Ramírez-Prado y Gonzalo Cataño, Bogotá.

---------------- (1990d). «Universidades americanas y alemanas: confe-rencia de Dresde», en *El poder del Estado y la dignidad de la vocación académica*, Revista Colombiana de Educación N.º 21; traducción de Yolanda Ramírez-Prado y Gonzalo Cataño, Bogotá.

---------------- (1998). «La ciencia como vocación», en *El político y el cien-tífico*, Madrid: Alianza Editorial.

Un cierre obstinado en recomenzar

A pesar de que algunos planteos no han resistido la prueba del tiempo, los escritos de Weber engloban numerosas ideas cuya significación continúa en pie. Vale por caso, la invitación a sellar un compromiso ético con la rigurosidad metodológica, con la elaboración responsable de herramientas teóricas que medien entre lo que es y lo que desearíamos que fuera; es decir, con la siempre trabajosa actividad de conocer según celosas prescripciones que también abarcan la evaluación y comparación de las fuentes utilizadas, con independencia de las preferencias personales. De allí la peculiaridad de su perspectiva, arraigada en la fuerte imbricación de la historia con la sistematización teórica (Colliot-Thélene, 2012). Esa relación se percibe, por ejemplo, en la tipología de la acción social cuando especifica las connotaciones de la racionalidad como esquema metodológico e interpretativo para contrastar las irracionalidades propias de las acciones reales. En su construcción analítica, la historia y la teoría se dejan ver sobre todo en su utilidad para cotejar la combinación de cálculo, valores, afectos y tradición que toda acción contiene. A ello se añade el concepto de representación del sentido, algo que «no puede atribuirse al actor individual, lo cual inhibe todo intento de postular un modelo de orden social de carácter individualista» (Altomare, 2010: 41).

Igualmente, su concepción del cambio social –proceso enfrentado a la tenaz dureza de la racionalidad y compelido a desbordar los límites impuestos por el cálculo y la especialización– anima a pensar no solo en las circunstancias que condicionan materialmente la vida, sino a prestar atención a las representaciones y valoraciones materiales e ideales. En ese horizonte es donde se asienta la energía del carisma, capaz de abrir una hendidura en el espeso tejido burocrático e inaugurar un cambio cuya persistencia se halla a merced de la rutinización. En la misma línea, Weber advierte sobre la necesidad de entender el conflicto no como un estado anormal o una fase histórica de carácter negativo, sino como algo inherente a la vida social y política, un hecho ineludible que pone en juego la lucha por el poder, sea a través de medios violentos o pacíficos.

Asimismo, sus observaciones convocan a la percepción de la política moderna como especialidad, una actividad técnica y profesional continuamente desafiada por la propensión de la burocracia a rebasar sus márgenes. Del mismo modo, instan a aprehender la imprescindibilidad de esa forma de administración, algo inherente a un capitalismo caracterizado tanto por la influencia determinante de la economía sobre el destino de las sociedades modernas, como por el activismo organizado de las masas. Hondamente preocupado por el destino de la libertad humana –entendida como la capacidad de acción significativa en medio de la impersonalidad y la racionalización modernas–, advierte que la democracia no constituye un remedio a ese problema, ya que la masividad de la sociedad moderna clausura la posibilidad de instituirse en espacio genuinamente participativo (Shaw, 2008). Tampoco apuesta a «las virtudes cívicas y la ética pública» (Kalberg, 2005: 176), con lo que el hogar se erige en último amparo de la calidez y de las relaciones cara a cara. Su temor más agudo –la irremediable mecanización de la vida– es moderado parcialmente por la confianza que deposita en el parlamento y el liderazgo político, especialmente al fin de su carrera intelectual. En esa dirección, exhorta a reconocer en el Estado no una estructura maciza y monolítica, sino «un formato complejo y variable que relaciona a la sociedad participante con la toma de decisiones burocrático-racional» (Cervantes Jáuregui y Danel, 1984). Sus finalidades, entonces, serán concordantes con las ideas que sustenten los políticos que ocupen esas estructuras.

En línea con los puntos de vista que en la actualidad subrayan la relevancia del sí mismo –sujetos que recurren cada vez más a su capacidad reflexiva–, Weber alega que la acción social no solo implica la orientación hacia el otro; precisamente por encerrar sentido, refiere a la propia reflexión interpretativa (Kalberg, 2008) según valores, intereses, creencias, emociones, relaciones de poder y autoridad, tomados activamente en cuenta durante el proceso de la interacción.

Se ha dicho repetidamente que su pensamiento se halla atravesado por un ostensible pesimismo. Sin embargo, en dos momentos distintos de su producción puede apreciarse una expectativa medianamente positiva acerca del futuro, aunque velada por la convicción acerca del fin de «una época de humanidad bella y plena» (Weber, 1983: 165): en primer lugar, cuando afirma que tras el portentoso desarrollo capitalista podrían surgir nuevos profetas capaces de vigorizar los antiguos ideales (Weber, 1983); en segundo término, cuando alega que si se eliminara el capitalismo privado reinaría la sola burocracia estatal, cuya peligrosa culminación devendría en la existencia de una única jerarquía al estilo del antiguo Egipto (Weber, 1984). Hoy en día, después de las calamidades acaecidas durante el siglo xx, somos conscientes de que la unificación entre burocracia pública y privada conduce a una situación que ni los más funestos vaticinios de Max Weber habrían imaginado. También se sabe que, de tanto en tanto, irrumpen algunos inspirados, pero no precisamente absorbidos por la digna tarea de recuperar lo mejor de la cultura humana, sino concentrados en el escrupuloso empleo de los instrumentos racional-burocráticos para consumar extravíos aberrantes planificados, calculados y orientados hacia la eliminación de la contingencia y la casualidad (Bauman, 1998). El pronóstico acerca del porvenir petrificado se matiza en las afirmaciones anteriores, pero sin que ello signifique la negación del destino trágico y sin salida auspiciado por el capitalismo[1].

Por lo demás, aun cuando su juicio acerca de la modernidad alude a la pérdida de sentido en el marco de cosmovisiones que adquieren atributos sagrados para quienes las sustentan, dicha tensión puede muy bien estudiarse con las armas de la ciencia, además de constituir una fuente de extraordinarios y sugerentes estímulos. Pese al relativismo, a la lucha inextinguible entre móviles contrapuestos, ese desarrollo inacabado y sin punto de llegada mantiene viva la curiosidad sociológica. En rigor, las concepciones del mundo que privan a la acción de su carácter difuso y azaroso, mitigan la frialdad del cálculo y fundan un universo que amortigua «su continuo y oscilante fluir errático, pragmático y utilitario» (Kalberg, 2011: 214). Por fin, en los pliegues del entramado conceptual de Weber, se esconde una cautelosa incitación a construir relaciones éticas, siempre que no se abandone el principio de realidad según el cual la lucha de valores es imperecedera y propia de un mundo que ha perdido definitivamente su núcleo cohesivo.

Como apunta un connotado estudioso de la obra weberiana, la lozanía de sus ideas –particularmente de los conceptos clave de racionalización y desencanto– propician un espacio que anticipa las críticas de la cultura desarrolladas por Lyotard, Foucault y Baudrillard. Al mismo tiempo, echan luz sobre corrientes tales como el postestructuralismo y el

---

[1] Con una sugerente observación, Löwy finaliza su ensayo sobre la jaula de hierro diciendo que «es a causa de su liberalismo, de su democratismo, de su sed de libertad individual, que Weber va a denunciar al capitalismo [...] como un habitáculo "duro como el acero", donde está encerrada, sin puerta de salida, la humanidad entera. A menos que...» (Löwy, 2012: 69).

posmodernismo, con sus radicales cuestionamientos de la naturaleza y la trayectoria de la modernidad, mientras aportan a la especificación de sus fortalezas y debilidades (Gane, 2002).

Consideración final

Aun cuando los escritos de este libro dejan fuera una apreciable cantidad de temas, entre sus propósitos figura la recuperación de un pensamiento cargado de ambivalencias y paradojas, un cuerpo conceptual que, justamente por esos atributos, pone en foco los problemas afrontados por la sociología. Desde luego, no se trata de un estudio exhaustivo, sino de un modesto esfuerzo por añadir una capa más al complejo horizonte de la comprensión del pensamiento de Max Weber. En un ambiente en el que predominan las disputas categoriales y en el que se postula la urgente necesidad de servirse de conceptos de otras ciencias para explicar fehacientemente los acontecimientos sociales de la contemporaneidad, el interrogante previamente planteado –¿por qué volver a Weber?– puede interpretarse como una precoz respuesta al requerimiento de apertura hacia otros campos: «Weber fue en su tiempo un transgresor de las fronteras» (Radkau, 2011: 11), alguien capaz de trasponer los límites, aunque en lucha continua contra el naturalismo de las ciencias sociales; alguien que contribuyó a forjarles una fisonomía y con quien todavía puede mantenerse un diálogo fecundo más allá de la enrarecida atmósfera de la academia. Se trata de reanudar la conversación con quien fuera el autor de una investigación comparativa, asentada en una teoría de la acción que no deja fuera las constelaciones institucionales y su trascendente función, que otorga a las visiones del mundo una importancia crucial, tanto para la constitución de los grupos sociales como para la comprensión del cambio social (Kalberg, 2012). Ese hecho implica la consideración de su significado por parte de los actores, es decir, «el modo en que se reflejan y refractan en la mente individual», cómo son interpretadas y cómo interactúan con ella (Greenfeld, 2005: 181). Su voluntad de apropiarse de una realidad gobernada por la técnica representa el esfuerzo cotidiano y sin desmayo por desentrañar el rumbo de la cultura moderna, por identificar y esclarecer las formas posibles de amortiguar ese destino.

Esa amalgama constituye la expresión que da título a este libro: la «gramática weberiana» alude no solo al empeño por especificar las unidades de la lengua sociológica y sus innumerables combinaciones, sino a la «acotación rigurosa e implacable de la función legítima del saber» (Muinelo Paz, 2015: 51). Un saber cuyo objetivo radica en ordenar conceptualmente la realidad empírica, de modo de formular verdades portadoras de validez que iluminen los oscuros recodos de la vida social.

Bibliografía

Altomare, M. (2010). «Las dimensiones del sentido en la teoría social de Max Weber: acción social, relación social y orden legítimo», en *Perspectivas en Psicología*, volumen 7.

Bauman, Z. (1998). *Modernidad y Holocausto*, Madrid: Ediciones Sequitur.

Cervantes Jáuregui, L. y F. Danel (1984). «¿Por qué Weber?», en *Política y des-ilusión (Lecturas sobre Weber)*, Galván Díaz F. y L. Cervantes Jáuregui (compiladores), México: Universidad Autónoma Metropolitana, Unidad Azcapotzalco.

Colliot-Thélene, C. (2012). «De una modernidad política a otra. Los análisis weberianos de la política frente a la prueba de la mundialización», en *Max Weber y las paradojas de la modernidad*, Löwy M. (coordinador), Buenos Aires: Nueva Visión.

Gane, N. (2002). *Max Weber and postmodern theory: rationalization versus re-enchantment*, Houndmills, Basingstoke, Hampshire, New York: Palgrave.

Greenfeld, L. (2005). «El nacionalismo y la economía moderna: conversando con el espíritu de Max Weber», en *En el centenario de La Ética Protestante y el Espíritu del Capitalismo*, Rodríguez Martínez J. (editor), Madrid: Centro de Investigaciones Sociológicas (CIS).

Kalberg, S. (2008). *Max Weber: dimensiones fundamentales de su obra. Una introducción*, Buenos Aires: Prometeo.

------------------ (2005). «¿Es el mundo moderno una monolítica jaula de hierro? Aprovechando a Max Weber para caracterizar la actual dinámica interna de la cultura política norteamericana», en *Sociológica*, año 20, N.º 59, septiembre-diciembre.

------------------ (2011). «La influencia pasada y presente de las visiones del mundo: Max Weber y el descuido de un concepto sociológico», en *Sociológica*, año 26, N.º 74, septiembre-diciembre.

------------------ (2012). *Max Weber's Comparative-Historical Sociology Today. Major Themes, Mode of Causal Analysis, and Applications*, USA: Publishing Company.

Löwy, M. (2012). «Stahlhartesgehäuse: la alegoría de la jaula de hierro», *Max Weber y las paradojas de la modernidad*, Löwy M. (coordinador), Buenos Aires: Nueva Visión.

Muinelo Paz. E. (2015). «La revelación de la razón: Max Weber y Franz Rosenzweig», en *Res Publica. Revista de Historia de las Ideas Políticas*, disponible en http://revistas.ucm.es/index.php/RPUB/article/view/47657

Radkau, J. (2011). *Max Weber. La pasión del pensamiento*, México: Fondo de Cultura Económica.

Shaw, T. (2008). «Max Weber on democracy: Can the people have Political Power in Modern States?», en *Constellations*, volume 15, N°1, disponible en http://blogs.arts.auckland.ac.nz/politics-214-314/files/2011/04/Max-Weber-on-democracy.pdf

Weber, Max (1983). «La Ética Protestante y el Espíritu del Capitalismo», en *Ensayos sobre sociología de la religión*, Madrid: Taurus Ediciones.

-------------- (1984). *Economía y Sociedad. Esbozo de sociología comprensiva*, México: Fondo de Cultura Económica.